Johann Nikolaus Götz, Carl Schüddekopf

Gedichte von Johann Nicolaus Götz aus den Jahren 1745-1765

In ursprünglicher Gestalt

Johann Nikolaus Götz, Carl Schüddekopf

Gedichte von Johann Nicolaus Götz aus den Jahren 1745-1765
In ursprünglicher Gestalt

ISBN/EAN: 9783743480988

Hergestellt in Europa, USA, Kanada, Australien, Japan

Cover: Foto ©Thomas Meinert / pixelio.de

Manufactured and distributed by brebook publishing software
(www.brebook.com)

Johann Nikolaus Götz, Carl Schüddekopf

Gedichte von Johann Nicolaus Götz aus den Jahren 1745-1765

Einleitung.

— — —

„Götzens Gedichte sind eine Dactyliothek, voll
lieblicher Bilder, eben so Bedeutungsreich, als zierlich
gefasst und anmutig wechselnd. Warum haben wir
von ihnen noch keine echte Ausgabe?“ So fragt Herder
in der Adrastea (Werke, Suphan 23. 324), und indem
er selbst mehrere verschollene Gedichte wieder ausgräbt,
stellt er die Forderung auf (23. 532: „Da Rammler
diese und andre Stücke in seine Sammlung Götzischer
Gedichte (1785.) nicht aufgenommen hat: so ist eine
vollständigere, treuere, unveränderte Sammlung und
Ausgabe derselben sehr wünschenswert. Bisher haben
wir nur Götz, den *dimidiatum*, *mutilatum*, nicht aber
ihn selbst, ganz, wie Er sich der Welt geben wollte.“

Bisher ist diese Forderung nicht eingelöst, Götz
in seiner wahren Gestalt noch immer unerkannt geblieben. Die Litteraturgeschichte gerade des 18. Jahrhunderts kennt eine Reihe von Dichtern, deren Werke
entstellt und verstümmelt auf die Nachwelt gekommen
sind; Hölty, Ewald von Kleist und andere sind erst
nach 100 Jahren rein und unverfälscht ans Licht ge-
treten: manche sind uns noch heute fremd — kaum aber
ist ein Dichter so in seiner Entwicklung verkannt, so
nach Zufälligkeiten beurteilt worden, wie Götz, dessen
erste Jugendgedichte kein Bibliograph nennt, der die
für ihn charakteristische Sammlung selbst verwirft, bei
seinen Lebzeiten in den entlegensten Anthologien als
„Anonymus“ sich versteckt und erst Jahre nach seinem
Tode in einer Ausgabe auftritt, die von dem Aller-
weltsbesserer Ramler besorgt kaum die Hälfte seiner
Gedichte enthält und dreissig Jahre zu spät als ein
wahrer Anachronismus erscheint.

Schon früh ertönten Klagen darüber, die nie ganz verstummten. Herder besonders, der Spürer des wahren Talents, hat von den Fragmenten an den „lieblichen" Dichter im Auge behalten und sich um seine Werke bemüht. Kurz vor des Dichters Tode wurde sein Interesse neu erregt durch Knebel, welcher noch als preussischer Offizier in Potsdam einen Einzeldruck der „Mädcheninsel" (nach der gleichfalls unrechtmässigen Ausgabe in C. H. Schmids „Anthologie der Deutschen" III, 297, mit einigen Verbesserungen) veranstaltet und dem grossen Friedrich in die Hände gespielt hatte (vergl. Deutsche Litteraturdenkmale 16, VIII, wo mehrere kleine Ungenauigkeiten). Knebels Besuch in der versteckten Heimat der „Winterburger Nachtigall", über den er am 11. September 1780 an Caroline Herder berichtet (Von und an Herder 3, 11), hatte in Herder den Wunsch einer direkten Annäherung an den einsamen Dichter und Amtsgenossen erweckt; wenige Tage später schickt er an Götz die „Briefe das Studium der Theologie betreffend," in die er drei versteckte Gedichte desselben eingerückt hatte (Werke, Suphan 10, 224. 234), und bittet ihn in herrlichen Worten um sein Zutrauen, seine Freundschaft und Anteil an seiner Dichtung (faksimiliert in Fr. Götz, Geliebte Schatten, ungenau abgedruckt bei H. Hahn, J. N. Götz. Th. I. Birkenfelder Progr. 1889 S. 31.) Herder blieb ohne eine — erst beabsichtigte — Antwort von dem hypochondrischen Einsiedler (Von und an Herder 1, 79); aber die 47 kleinen Gedichte, welche Götz am 31. Oktober 1780 an Knebel übersandte, unter der Bedingung, von diesen Reimen keinen andern Gebrauch zu machen, als sie Herder zu communiciren, (nach dem Original im Besitz von R. Brockhaus gedruckt in meinen Briefen von und an Götz, Wolfenbüttel 1893 S. 109) machten ihn nur nach mehr begierig. In den „Carlsruher Beyträgen" stösst er unter vielem Wust auf Stücke, die er für Götzisch hält, und fordert Knebel auf, sie mit seinem

spürenden Sinne zu durchlaufen (Knebels Nachlass
2, 234). Seine Bemühungen blieben vergeblich. Götz
starb am 1. November 1781, ohne die zu Ramlers
Gunsten getroffenen Bestimmungen über seinen Nachlass geändert zu haben, und die Hoffnungen, welche
Knebel auf eine Erwerbung seiner Papiere und Bücher
gesetzt hatte, zerschlugen sich. Das Gerücht, dass
Ramler zum Herausgeber eingesetzt sei, wurde bald
verbreitet, und nochmals wandte sich, angeblich „im
Namen einiger ihm genau bekannter eifriger Freunde
und Verehrer des Sel. Götze und seiner Muse," wie
es scheint aber im Auftrage des Herzogs Karl August
(vergl. von und an Herder 1, 79), Wieland am 28. Juli 1784
an Christian Friedrich Schwan, den Schwiegervater von
Götzens Sohne, um von letzterem die käufliche Ueber-
lassung der von seinem Vater ererbten Papiere zu erlangen (Faksimile in den Geliebten Schatten). Auch
dieser Schritt blieb erfolglos; der jüngere Götz hatte
bereits am 15. November 1782 die Manuskripte, von
denen Ramler bereits 687 Stücke besass, an den Herausgeber abgeschickt, und die Weimarer Freunde mussten
in Goeckingks „Journal von und für Deutschland" 1784,
Stück 6, S. 625 die Ankündigung der Ramlerschen Ausgabe lesen. „Wir werden wenig Freude daran erleben,"
klagt Knebel (5. Mai 1785, von und an Herder 3, 21)
„Ramler soll überall benagt und verdorben haben."
Aehnliche Befürchtungen äusserten Götzens alte Freunde,
Gleim und Uz. Ersterer beabsichtigte schon auf die
Kunde von Götzens Tode hin, die Stücke zusammen
drucken zu lassen, die in den Musenalmanachen und
sonst zerstreut waren (Briefe zwischen Gleim, W. Heinse
und J. v. Müller II, 312), und Uz schreibt an Gleim
(Anspach, 23. März 1785, ungedruckt): „Auf Götzens
Gedichte freue und fürchte ich mich; wenn seine an-
genehme Nachlässigkeit im Ausdrucke weggeschliffen
wird, o wehe!"

Dass Götz nicht einen dieser alten Freunde, sondern gerade Ramler mit der Herausgabe seiner Gedichte beauftragte, den er nie persönlich hatte kennen lernen, obwohl er noch zusammen mit ihm in Halle war, hatte seinen Grund in denselben Verhältnissen, die ihn hinderten sein eigener Herausgeber zu werden. Schon am 22. November 1755 hatte er Gleim einige Kleinigkeiten angeboten, die zum Drucke bei ihm fertig lagen (Briefe S. 43 f.). „Sie bestehen in einer Sammlung kleiner, theils gereimter, theil reimfreyer Gedichte; in einer verbesserten prosaischen Ausgabe des Tempels zu Gnid; und in Anakreons und der Sappho Gedichten, mit historischen und kritischen Anmerkungen begleitet. . . . Ich bin gesonnen, dieses alles, auf eine Art, dass mein Nahme verschwiegen bleibt, dem Drucke zu überlassen, der aber nett und correct seyn muss. Ich erwarte von Ihnen diessfalls einige Vorschläge." Er wartete vergeblich. Erst am 4. September 1763 nahm Gleim die Korrespondenz wieder auf und kam auf das Anerbieten zurück (Briefe S. 54): „In einem ihrer Briefe versprechen sie mir eine ganze Samlung von Liedern, zu welchen sie sich nicht gerne öffentlich bekennen wolten. Welch ein angenehmes Geschenk würde mir diese Samlung noch itzt seyn!" Inzwischen aber hatte Götz anders disponiert; die zweite Ausgabe des übersetzten „Tempel zu Gnid" von Montesquieu war 1759, die des „Vert-Vert" von Gresset 1760 bei Macklot in Karlsruhe erschienen, der auch den Anakreon von 1760 verlegte; seine eigenen Gedichte aber, die nun schon Jahre lang im Pulte lagen, hatte er kurz vorher, ehe er im Dezember 1763 Gleims Brief erhielt, Ramlern angeboten. Dieser hatte, seit er in der ersten seiner Anthologien, den „Oden mit Melodien" Theil II (1755) drei Gedichte aus dem Anakreon von 1746 mit noch schüchternen Aenderungen, und in seiner Uebersetzung von Batteux, Cours des belles lettres, mehrere Stücke als Proben mitgeteilt hatte, ein reges Interesse für den einsamen, jedem litterarischen Verkehr fernstehenden Dichter gezeigt. Für die Fortsetzung seiner Anthologie, welche erst 1766 als „Lieder der Deutschen" erschien, schickte ihm Götz schon am 22. November 1755 durch Gleim die Ode auf den Burgunderwein in verbesserter Gestalt zu; jetzt hatte sich, da der ältere Freund nichts von sich hören liess, Götz an ihn mit der Bitte gewandt, seine Gedichte ohne Namen zum Drucke zu befördern, da er, seiner Bedienung und seines leiblichen Glücks wegen, verborgen bleiben müsse (Voss, Ueber Götz und Ramler S. 36). Wir kommen damit auf den eigentlichen Grund seiner Anonymität, seiner wiederholten Willensänderung in Bezug auf die Herausgabe seiner Gedichte; es war die krankhafte Furcht, dass das Bekanntwerden seiner erotischen Lieder ihm schaden könne. Er glaubte durch die Ablehnung „der vornemsten Stelle eines Geistlichen in seinem jetzigen Vaterlande" eine vornehme Person beleidigt zu haben (Briefe S. 83. 86). — Voss (S. 63) sucht darunter einen unwissenden Kirchenrat, Hahn (S. 24) will sogar den Namen erraten und befürchtete nun „nichts weniger, als den Umsturz seines Glückes, welches an sich selbst höchst mittelmässig ist," wenn er durch Gleim verraten würde (Briefe S. 96). Wie hatte es zwischen den alten Freunden so weit kommen können? Sobald Gleim von Götz gehört hatte, dass dieser eine Partie seiner Gedichte an Ramler gesandt und ihn ersucht habe, die besten auszulesen und ohne einiges Aufsehen drucken zu lassen, beeilte er sich in eifersüchtiger Freundschaft einen Anteil an der Herausgabe zu erlangen. Auf Götzens Aufforderung (Briefe S. 58): „Wenn es seyn könnte, dass Sie an der Ausgabe dieser meiner Jugendgedichte, in Gesellschaft mit Herrn Rammler, annoch mehr Antheil nähmen, so wäre es mir so viel angenehmer. In solchem Falle wollte ich Ihnen auf meine Unkosten zu Berlin die Gedichte, so wie ich sie hingeschickt habe, copiren lassen, und auf Halberstadt übermachen" ging er freudig ein. „Besser wäre es allerdings," schreibt er Tags darauf (Briefe S. 63. „wenn ich die Gedichte hätte, wie Sie sie an Herrn Ramler geschickt haben. Soll Herr Ramler eine Abschrift davon machen lassen, so wird es langsam zu gehen. ohne Zweifel haben Sie eine Abschrift an sich behalten; wäre nicht der kürzere Weg. mir diese oder eine zweite Abschrift davon zukommen zu lassen?" Götz willfahrte seiner Bitte und übersandte ihm am 25. März 1764 eine Partie derjenigen Gedichte, die er an Ramler gesandt hatte, 73 an Zahl, zum Teil von der Hand seiner Kinder geschrieben, Manuskripte, welche dieser Ausgabe zu Grunde liegen; dazu ein alphabetisches Register aller an Ramler übersandten Gedichte, in welchem ein wichtiges Mittel für die chronologische Feststellung seiner Dichtungen verloren gegangen ist.

Die gemeinsame Arbeit von Gleim und Ramler an der Herausgabe der Götzischen Gedichte wurde bald durch beiderseitige Verschuldung gestört und im Anschluss daran ihre 20jährige Freundschaft schroff abgebrochen. Schon in die ersten Verhandlungen spielt die zunehmende Empfindlichkeit auf Gleims Seite hinein: er macht dem Freunde am 1. Juni 1764 gerade über Götzens Gedichte den wiederholten Vorwurf der Heimlichkeit und Unwahrheit. „Schon lang ist es, dass Sie Götzens [der Name von Ramler ausgerissen] Schriften in Händen haben. mit dem Ersuchen, mit mir darüber Rath zu pflegen, und nicht das mindeste liessen Sie sich davon merken. Sie werden freylich sagen, ich wolte Sie mit der Herausgabe überraschen, aber Sie sehen ganz gewiss, dass diese Ausflucht keinen Stich hält." Ramler verteidigt sich am 6. Juni: „Herrn G. Gedichte wusste ich, dass Sie es wüssten, dass solche in meinem Gewahrsam wären: ich wusste es, denn der Verfasser. Ihr alter und nunmehr mein neuester Freund, hatte mir es: . . . lassen Sie mich nachsehen wann: . . . er hatte es mir den 7ten *Jun.* dieses Jahres geschrieben. Ich konnte Ihnen also, das sehen Sie selbst, hieraus kein Geheimniss machen wollen. Gegentheils hätte ich können so listig seyn, und Ihnen mit der Mittheilung eines solchen Geheimnisses ein Compliment machen. Aber Wozu alles diess? Ich war nicht fleissig genug, die Wahrheit zu gestehen, theils nicht fleissig genug, theils oft krank, theils zu oft mit andern Sächelchen überhäuft und zerstreut gewesen, so dass ich die besondern Zettelchen noch nicht mit eigener Hand hatte abschreiben und diejenigen Verbesserungen damit vornehmen können, die ich erst versuchen wollte, ehe ich Ihnen die Lesearten des Verfassers bekannt machte. Mein lieber Gleim liebt die Verbesserungen in den Werken anderer nicht sehr: diess wusste ich aus der Erfahrung, und ich wollte Ihnen erst den Beyfall für diese Verbesserungen abnöthigen, ehe ich Ihnen die rechten echten Lesearten nachschickete.- Ein derartiges Versteckspiel, das seinen Neigungen entsprach, hat Ramler in der That bald darauf mit den Götzischen Gedichten getrieben; er gab sich, wie er an den jüngeren Götz schreibt Voss S. 105 die Mühe, die Veränderungen, die er in den Gedichten gemacht hatte, so hinzuschreiben, als ob es das erste buchstäbliche Original des Verfassers wäre: seine wahren ersten Lesearten aber schrieb er darüber, als ob es seine Aenderungen wären. „Was geschah? Sein und mein alter Freund antwortete mir mit möglichster Höflichkeit: Meine Aenderungen wären zwar recht wohlklingend, bilderreich, poetisch, er fände Ramlern völlig darin; aber er fände immer, die Originallesearten wären natürlicher und angemessener der Sache, und der Ton passte sich immer besser zum Tone des ganzen Stücks etc. — Ich lachte nicht wenig, als ich dieses las, und schrieb zurück: Zum ersten und zum leztenmal habe ich Sie getäuscht. Die Lesearten, die ich übergeschrieben habe, sind nicht mein, sondern die meinigen stehen in dem Texte, den Sie gebilligt haben. Nun weiss ich also doch mit Gewissheit, dass Ihnen meine Aenderungen

gefallen." Ganz so, und so lustig verlief diese Ko-
mödie der Irrungen nun allerdings nicht, wie ich dem-
nächst aus den Originalen nachweisen werde; es be-
durfte nur noch einer an sich unbedeutenden Veran-
lassung, um den schwer gereizten Gleim zu zornigem
Ausbruch zu bringen. Dadurch fanden auch die ge-
meinsamen Beratungen über die Götzischen Gedichte,
die einen grossen Teil der Korrespondenz ausmachen,
einen jähen Abschluss; beide früheren Freunde, jetzt
hartnäckigen Gegner berichteten von ihrem Zerfalle an
Götz (Briefe S. 88. 97) und dieser entschied sich, nach
einem vergeblichen Versöhnungsversuche, für Ramler.
Daher seine Furcht, dass Gleim nicht reinen Mund
halten möge: da er mit Ramler gebrochen habe; und
dies der Grund, warum er in den letzten Jahren seines
Lebens gegen Gleims Freundschaft Kaltsinn merken
liess, wofür Gleim selbst (Briefe S. 117) nach langen
Jahren eine andere Ursache vermutete.

Ramler trug nun die alleinige Verantwortung für
die Herausgabe, aber der Verfasser selbst war Schuld,
dass es bei seinen Lebzeiten zu keiner separaten Ausgabe
kam. Die „Blüthen des Parnasses", wie Götz selbst sie
nennen wollte, oder die „Gedichte des Herrn von
W.", von Wurmser oder Roos (nach dem Familien-
namen seiner Mutter), welche bereits 1764 im wesentlichen
druckfertig vorlagen, wurden von Götz ängstlich zu-
rückgehalten; statt dessen forderte er anfangs Ramler
auf, sie entweder zusammen incognito in ein gut Journal
einrücken zu lassen, oder eine Auswahl der sittsamsten,
und die Sitten in nichts beleidigenden Stücke separé-
ment unter dem Titel: Blüthen des Parnasses drucken
zu lassen (Briefe S. 86). Ein Jahr darauf dünkt ihm
auch dieser Ausweg noch zu gefährlich und er bittet,
die scherzhaften Gedichte überhaupt noch verschlossen
zu halten (S. 96). Inzwischen hatte Ramler 1766 in
seinen „Liedern der Deutschen" 28 Stücke, darunter
21 zum erstenmal, anonym veröffentlicht, denen in der

„Lyrischen Bluhmenlese" vom Jahre 1774 und 1778
noch 41 resp. 12 folgten. Andere schickte er unter
Chiffren an Boie für den Göttingischen Musenalmanach,
an Voss, Wieland und an das „Taschenbuch für Dichter
und Dichterfreunde", während Götz selbst die Karls-
ruher Beyträge, C. H. Schmids Almanach der deutschen
Musen und Anthologie der Deutschen, die Schwansche
Schreibtafel und ebenfalls den Göttingischen Musenalmanach und das Taschenbuch mit seinen unter die ver-
schiedensten Chiffren verteilten Beiträgen bedachte.

Götzens Wunsch unerkannt zu bleiben, hat Ramler
mit grosser Gewissenhaftigkeit erfüllt: seine Vorsicht
ging so weit, dass er auf den an ihn gerichteten Götzischen Briefen dessen Namen abriss oder unleserlich
machte, „damit das Geheimniss dass er der Verfasser
der galanten Gedichte sey, nicht bekannt werden möchte"
(Briefe S. 86). Und als der Giessener Schmid, der
Herausgeber des Almanachs der deutschen Musen und
der Anthologie der Deutschen, ihm zudringlich am
20. Mai 1769 die Namen der Verfasser von mehreren
anonymen Stücken in den Liedern der Deutschen ab-
fragt, nennt er ihm nur den „Anonymus, der Anonymus
bleiben will, und der mein Wort hat, ihn nicht eher
zu nennen, bis er mir mein Wort wieder zurückgiebt."
Auch in Ramlers ungedruckten Briefen an Boie heisst
er nur „mein Anonymus Q.", nach der Chiffre, unter
welcher ihn Ramler fast immer auftreten liess, oder
„mein vortrefflicher Anonymus". So kam es, dass er
unter diesen Benennungen eine förmliche Rolle in der
Litteratur der 70er Jahre spielte (vgl. Strodtmann,
Bürgerbriefe I. 11; Knebels Nachlass II, 177. Dohm,
der Mitherausgeber des Deutschen Museums, schreibt an
Ramler (9. IX. 75): „Auch von dem naiven Q. wären
uns Beyträge sehr willkommen. Auf Verschwiegen-
heit können Sie sich sicher verlassen." Boie (16. I. 71):
„HErr Klotz rühmte sich, dass der andre [Leipziger]
Almanach eine Menge Stücke von Ihrem Ungenannten

enthalten würde. Ich hielt das für Pralerey, sehe mich
aber, nun ich ihn zu Gesichte bekomme, sehr in meiner
Meynung betrogen, denn ich erinnere mich noch sehr
wohl, einige dieser Stücke von Ihnen selbst gehört zu
haben. Manchen dieser Stücke fehlt noch dazu sehr
die letzte Hand. Wie in aller Welt können sie in
seine Hände gekommen seyn?" Eine Folge dieser
Anonymität war es, dass mehrfach Gedichte von Götz
anderen Verfassern zugeschrieben oder gar in unechte
Sammlungen aufgenommen wurden. Dass Goethes Freundin Bäbe Schulthess in ihrem in der Weimarischen
Goetheausgabe 1, 365 abgedruckten Verzeichnisse Goethe-
scher Gedichte ihm fälschlich drei Anacreontica (Nr. 22.
23. 31) zuschreibt, welche Götz zum Verfasser haben,
ist von mir schon in Seufferts Vierteljahrschrift 1, 61
nachgewiesen worden. In die Geislersche Höltyaus-
gabe sind acht Nummern (Nr. 64. 65. 68. 69. 81. 82. 88.
122) aus dem Göttinger Musenalmanach übergegangen,
welche Götz angehören (vgl. Halm, Hölty p. XII und
Redlich, Chiffrenlexikon S. 28): und in der unechten
Sammlung „Kleine poetische Schriften von Moritz August von Thümmel. Frankfurt und Leipzig. 1782. (120 S.)
8°" stehen auf S. 32, 53, 71, 77, 105 fünf Götzische
Gedichte aus dem Leipziger Almanach, welche auch in
den Ausgaben Wien 1792 und 1805 wiederholt sind.
Welche Anerkennung die anonymen Stücke fanden, mag
ein Beispiel zeigen, die Recension der Frankfurter ge-
lehrten Anzeigen von 1772 Nr. 91 über den Göttinger
Musenalmanach von 1773 (Deutsche Litteraturdenkmale 8, 604). Merck, nicht Goethe, der die Anzeige
allerdings in den 33ten Band der Ausgabe letzter Hand
aufgenommen hat. (vgl. Scherer daselbst p. XLIII, gegen
Weinhold, Boie S. 250 und Hahn S. 6) sagt: „Unter
dem Zeichen Q. und Y. liest man dieses Jahr von
neuem sehr schöne Gedichte, die ungemein viel wahres
Genie verrathen. Man wähle z. B. S. 47 der schönste
Gürtel, und die allerliebste Idylle S. 33."

Bei seiner Ausgabe sah sich Ramler durch die buchhändlerischen Interessen von Götzens Sohne, die in seinen Briefen unliebsam hervortreten, beeinflusst; aus dem ursprünglich beabsichtigten Bändchen von etwa hundert Gedichten (Voss S. 148) wurden drei von 131. 131. 99 Nummern — da das Gedicht „Klarissa" aus Versehen zweimal (II. 204 und III. 96) abgedruckt ist, also insgesamt 363 Stücken. Die Bearbeitung ist bei den einzelnen Gedichten sehr verschieden: Ramler selbst schreibt darüber an seine Freundin Susanne von Bandemer (26. Sept. 1789, ungedruckt, nach gütiger Mitteilung von G. Weisstein: „In Götzens Gedichten habe ich bloss die leichten, scherzhaften, witzigen Stücke gefeilt, vor den erhabenen heroischen habe ich mich gefürchtet, weil ich aus der Erfahrung weiss, was für Anstrengung sie kosten." Vgl. auch Ramler an Ephraim Kuh, Deutsches Museum 1851 II, 855. Eine eingehende Untersuchung über Ramlers Umarbeitung muss einer kritischen Ausgabe vorbehalten bleiben.

Die Aufnahme der „Vermischten Gedichte", welche 1807 in einer Titelauflage wieder auf den Markt kamen, entsprach den wenig günstigen Erwartungen, welche man von ihr hegte. Die Unzufriedenheit der Weimarer Freunde fand ihren Ausdruck in Knebels Berichte über seinen oben erwähnten Besuch bei Götz im Herbst 1780, welchen Herder in den fünften Band der Adrastea aufnahm (Werke, Suphan 24. 255. Die Schilderung, welche Knebel hier von dem alternden, einsamen Dichter entwirft, ist warm und wahr; in seiner Polemik gegen Ramler aber lässt er sich, parteiisch und in getrübter Erinnerung, zu nachweisbaren Irrtümern hinreissen. Dass Götz in seinen letzten Lebensjahren das Vertrauen zu Ramler verloren habe, mit seinen Verbesserungen „durchaus nicht zufrieden gewesen" sei und „nur mit geheimen Unmuth davon gesprochen habe", lässt sich durch nichts beweisen; für das Gegenteil könnte Götzens letzter Brief an Ramler angeführt werden, zwei Jahre vor seinem Tode geschrieben (Briefe S. 107), in welchem es heisst: „Ich danke Ihnen hiemit tausendmal, dass Sie sich meiner verlassnen Kinder so ernstlich angenommen, und sie so fein, so sittsam und so artig erzogen haben, dass sie sich vor der Welt ohne Furcht produciren dürfen. Ich empfele Ihnen nun noch ihre übrigen Geschwister: machen Sie aus ihnen, was Ihnen beliebt: nicht mehr und nicht weniger, als Sie für gut finden! Ich darf und kann mich ihrer gar nicht mehr annehmen, seitdem die Last des Alters und eines doppelten Amtes mich schwer drücket." Selbst wenn wir annehmen, dass Götz im Stillen manche Bedenken gegen Ramlers oft eigenmächtiges Verfahren hegte, und dass er in den letzten Tagen seines Lebens gegen das künftige Schicksal seines poetischen Nachlasses gleichgültig ward: zu seinen Lebzeiten hat er mit stetem Vertrauen an Ramler gehangen, und in seinem letzten Willen hat er solches unzweifelhaft bestätigt. Die Verhandlungen, welche er nach Knebels Bericht mit diesem über eine „unveränderte" Herausgabe seiner Gedichte und über den Verkauf seiner Bibliothek geführt haben soll, bezeugen, wenn sie nicht entstellt sind, nur die zweifelnde, ängstliche Art seiner Entschlüsse, wie sie auch in dem Verkehr mit Ramler hervortraten. Eine ernstliche Entscheidung, ob Knebel sein Herausgeber werden solle, dürfte er sicher nicht getroffen haben.

Die menschliche, moralische Seite des Verhältnisses zwischen Götz und Ramler fand bald einen warmen Verteidiger und offenen Interpreten in Johann Heinrich Voss, welcher in seinen kritischen Briefen „Ueber Götz und Ramler" (Mannheim 1809) für den ihm geistesverwandten Korrektor Partei nahm. Die kritischen Fragen dagegen, welche wir nicht streng genug von jener scheiden können, haben durch ihn eher eine Verwirrung, als eine Förderung erfahren: trotz des reichhaltigen Materiales, welches er aus dem ihm vorliegen-

den Götzischen Nachlasse beibringt, sind seine Ausführungen über den ursprünglichen Text der Gedichte
und über Ramlers Bearbeitung nahezu wertlos. Ent-
sprechend seinem eigenen Verhalten bei Herausgabe
der Höltyschen Gedichte schlägt er ein eklektisches, also
willkürliches Verfahren gegenüber dem „gesamten Wust
roher Vorarbeiten" (S. 153) ein und meint (S. 154),
dass ein künftiger Herausgeber die geringeren Stücke
ohne bedeutende Einrede ausmerzen werde, wenn auch
die Sammlung über die Hälfte zusammenschmölze. Er
stellt die Forderung auf, dass da, wo einzelne Stellen
sowohl der Dichter als der Kritiker verfehlt habe, der
Herausgeber selbst, wie im Gespräche, den Anstossen-
den in die Rede helfen dürfe, und sein Ziel ist nicht
eben der leibhafte Götz, mit allen irdischen Gebrechen
und Zufälligkeiten: sondern sein Geist, wie er freier
und lebendiger in geläuterter Worthülle sich regt. Hier
hätte er von Herder und seinen Freunden lernen können: für eine kritische Ausgabe unserer Tage sind
seine Ausführungen nichtig, und auch die von ihm aus
Götzens Handschrift mitgeteilten Stücke (S. 67. 70. 72.
79. 88. 93. 114. 142. 155. 159. 161. 163) sind nur mit
Vorsicht zu verwerten.

Ausser dem Material zu dieser Streitschrift hat
Voss dem Nachlasse nur wenig entnommen: im „Morgenblatt für gebildete Stände" Jahrgang 1809 Nr. 35. 43.
52. 1810 Nr. 84. 156. 1811 Nr. 23. zu dessen eifrigen
Mitarbeitern er gehörte, hat er im Ganzen 10 Gedichte
als „in der Ramlerschen Ausgabe fehlend" veröffentlicht. Doch waren vier von ihnen dort schon in anderer Gestalt gedruckt. — Dann ruhte der Nachlass
bei des Dichters Enkel, Friedrich Götz, der ihn samt
C. F. Schwans und Maler Müllers Papieren pietätsvoll
hütete und, neben eigenen schriftstellerischen Versuchen,
ihn im Jahre 1858 zur Herausgabe der „Geliebten
Schatten" verwertete, einer an Portraits und wichtigen
Briefen äusserst reichhaltigen Sammlung, der auch dieser

Neudruck mehrere Stücke entnimmt. Dass der Herausgeber dagegen unkritisch Echtes mit Unechtem mischte, beweist unter anderm der unten folgende Nachweis über die „Mädcheninsel." Aus dem Besitze der Tochter von Fr. Götz, welche ihn eigensinnig verschloss (vgl. Seuffert, Maler Müller S. 61), gelangte der Nachlass dann in die Hände eines glücklichen Sammlers; auch hier aber scheint er vorläufig brach zu liegen, und wie dem neuesten Biographen von Götz, H. Hahn, war es auch mir unmöglich, einen Einblick in diese Papiere zu erlangen.

Um endlich eine nähere Kenntnis des Dichters zu gewinnen, der schon als Lebender, wie Herder klagte, das Schicksal hatte, dem grossen Haufen unerkannt, wie ein Traum vorüberzuschweben, bot sich indessen ein Ausweg durch Zusammenfassung alles dessen, was an Einzeldrucken, Manuskripten und in Almanachen zerstreuten Stücken erhalten ist. Auf Ramlersche Umarbeitungen musste dabei selbstverständlich verzichtet und eine genaue Scheidung zwischen den von ihm und den von Götz selbst veröffentlichten Stücken angestellt werden; auch die Anakreonübersetzung von 1746, an welcher neben Götz Uz und Gleim Anteil haben, war von vornherein ausgeschlossen, da sie als ein in sich abgeschlossenes Zeugniss einem späteren Hefte dieser Neudrucke vorbehalten bleibt (vgl. Sauer in den Deutschen Litteraturdenkmalen Heft 33--39 p. III). Für eine solche Sammlung der zerstreuten Gedichte von Götz, zu welcher C. H. Schmid in seinem „Nekrolog oder Nachrichten von dem Leben und den Schriften der deutschen Dichter" Berlin 1785 II, 802 ff. eine äusserst lückenhafte Vorarbeit geliefert hat, war ursprünglich diese Ausgabe bestimmt; sie würde über 300 Stücke in echt Götzischer Gestalt, darunter gegen 100 bei Ramler fehlende, geboten haben, musste aber leider ihres Umfanges wegen zurückgestellt werden. Um diese Einleitung nicht zu sehr anschwellen zu lassen, werde ich ein kritisches Verzeichniss der zerstreuten Gedichte Götzens, welche nach 1765 erschienen, an einem anderen Orte veröffentlichen.

So ist aus den Irrungen und Wirrungen, in denen die Gedichte des vielformigen Dichters bisher getrieben haben, auch hier nur eine bescheidene Sammlung entstanden, die ihren Lohn in der Anregung zu einer vollständigen und kritischen Ausgabe finden wird; aber auch solche liegen im Bereich dieser Neudrucke, und diese Jugendgedichte werden, da sie gegenüber der abschliessenden Gestalt, welche eine kritische Ausgabe wiedergeben wird, die früheste repräsentieren, ihren Platz neben jener beanspruchen dürfen. Auf eine litterarische Würdigung oder Untersuchung des hier Gebotenen einzugehen ist nicht der Platz; erst eine Vergleichung mit dem grossen noch ungehobenen Schatze von Handschriften und zerstreuten Drucken wird diese Aufgabe im grösseren Zusammenhange zu lösen haben. Die sich von Jahr zu Jahr steigernde Formgewandheit Götzens, seine wechselnde Nachahmung von Gleim, Lange, Bodmer und Klopstock, vor allem die überraschende Thatsache, dass eine grosse Anzahl seiner reifsten Schöpfungen, der anmutigsten Genrebilder schon ums Jahr 1755 druckfertig vorlag, springt von selbst ins Auge. Was würde, so müssen wir uns fragen, um Götz seinen richtigen historischen Standpunkt zu wahren, Lessing zur Zeit der Litteraturbriefe geurteilt haben, wenn er neben Gerstenbergs „Tändeleyen" die „Blüthen des Parnasses" hätte stellen können?

Ich gehe nun dazu über, den Bestand dieser Sammlung im einzelnen vorzulegen, indem ich zugleich bei jedem Stücke die späteren Druckorte hinzufüge.

Der „Versuch eines Wormsers in Gedichten", 1745 wohl in Worms erschienen, ist bisher von allen Bibliographen falsch citiert worden 1750.52; ein Exemplar besitzt die für die Litteraturgeschichte des 18. Jahrhunderts so wertvolle Bibliothek der Gleimstiftung (Nr. 2057). Wie es scheint geht die Sammlung auf verlorene Einzeldrucke zurück und ist schon 1744 gedruckt; denn Götz schreibt am 12. Juni 1747 an Gleim (Briefe S. 29): „Ich überschicke Ihnen hiemit mein Manuskript des Anakreons, nebst einigen meiner schon vor drey Jahren gedruckten Gedichte, die an vielen Orten anders aussehen, als im gedruckten Anakreon. Es sind lauter solche Gedichte, die sich auf Personen in Worms beziehen, weswegen sie auch besonders herausgegeben." Dass diese frühere Sammlung in den sechs Stücken, welche sie mit dem Anakreon von 1746 gemein hat, den Vorzug vor dem letztern verdient, spricht Götz noch deutlicher in seinem Briefe vom 14. Mai 1747 an Gleim aus, worin er die „elende Ausgabe" des Anakreon aufs schärfste verurteilt (Briefe S. 16). „Denn die allermeisten Gedichte darinnen, unter welchen mein Name stehet, und die ich ohnedem längst schon verworfen hatte, sind so, wie sie da abgedruckt sind, nicht meine Arbeit, welches ich mit einem ältern Abdruck derselben erweisen kann, wo es deutlich zu sehen ist, dass gantze Strophen herausgestosen, andere eingeflickt, oder zum mindsten verstümmelt worden, woran, wie ich glaube ein *amicus moleste sedulus* schuld ist, der sich jederzeit mit meinen Abschriften getragen, und, als er *corrector* in der churfürstlichen Buchhandlung zu Manheim geworden, diese mit Nachlässigkeiten beladene Auflage veranstaltet hat, während dem ich ferne von meinem Vaterlande war." In der That hat der „Versuch" vor dem Anakreon, welcher von Druckfehlern und Versehen wimmelt, den korrekten Druck voraus; auf die bedeutenderen Abweichungen gehe ich aus dem schon erwähnten Grunde hier nicht ein. Der „Versuch" enthält:

    1. „Wünsche des Dichters." Spätere Drucke im Anakreon 1746 S. 59: „Fragment eines grossen Gedichtes von der Bienen-Zucht." Oden mit Me-

lodien 1755 II Nr. 1. Lyrische Bluhmenlese 1774 II Nr. 52. Ramler I, 3.

2. „An Herrn E. C. Weise." Anakreon 1746 S. 90: „Ode an Herrn Elias Christopf(!) Weisse, Rath-Aeltesten der F. R. S. Worms. Als er zum siebenden mal 1744. regierender Städt-Meister ward." Fehlt bei Ramler.

3. „Bey Erblickung seiner Vaterstadt." Anakreon 1746 S. 85: „Ode. Zwischen Worms und Oppenheim 1743. aufgesetzt im Novemb." Almanach der deutschen Musen 1771 S. 117. Fehlt bei Ramler.

4. „An seinen ältesten Bruder." Anakreon 1746 S. 95: „An meinen ältesten Bruder, als Er sich vermählte. Embden in Ostfriessl. den 6ten April 1743." Alm. d. d. Musen 1774 S. 148. Fehlt bei Ramler.

5. „Warnung an einen schönen Knaben." Fehlt im Anakreon. Lyrische Bluhmenlese II, 46. Ramler I, 69. Das Halberstädter Exemplar enthält handschriftliche Veränderungen von Gleims Hand zu diesem Gedichte (vgl. Briefe S. 52. 63), welche hier dem Prinzipe dieser Ausgabe gemäss ebenso wenig aufgenommen sind, wie die zu andern Stücken (vgl. Nr. 9. 86. 87).

6. „An seinen Freund Damon." Anakreon 1746 S. 82: „An Herrn Lindemeyer." Ramler I, 101.

7. „Über seine Freundschaft mit dem Thirsis." Anakreon 1746 S. 63: „An eben dieselbe" (Amarilis. Anthologie der Deutschen III, 97. Lyrische Bluhmenlese IV, 8. Ramler I. 66.

Der chronologisch sich anschliessende Einzeldruck der Ode

8. „Über den Tod seines Bruders Cornelius Georg Götzens." (6 Bl.) 4°. 1747 ohne Druckort erschienen und am 14. Mai 1747 an

Gleim übersandt (Briefe S. 18), ist bisher nur von
A. Sauer (Deutsche Literaturdenkmale 22, XVI)
und von Hahn (S. 14) erwähnt worden; sie wurde
in veränderter Gestalt von Götz wiederholt in
der Anthologie der Deutschen III, 87. Fehlt
bei Ramler.

Es folgen nun die Stücke nach der Handschrift,
unter welche auch die in den „Geliebten Schatten" faksi-
milierten Gedichte (Nr. 88—91) zu rechnen sind; allerdings mit zwei Ausnahmen (Nr. 18. 19), welche bereits
in dem Anakreon von 1760 gedruckt, hier aber der
chronologischen Reihenfolge zu Liebe eingefügt sind.
Mit dem Briefe vom 28. Dec. 1747 übersandte Götz an
Gleim sechs Gedichte (Nr. 9—14) vgl. Briefe S. 31 ff;
am 22. November 1755 drei (Nr. 15—17) vgl. Briefe
S. 45 f.; den Rest (Nr. 20—85) am 25. März 1764.

9. „Attis. Eine Erzehlung. Seinem zweeten
Bruder zugeeignet. 1747." Götz schreibt
darüber: „Die Erzählung Attis ist noch nicht
auspoliret, und ich überschicke Sie Ihnen mit der
Bitte, sie scharf zu critisiren. Die Gelegenheit
dazu gab mir mein zweeter Bruder. Melancholisch
über den Tod unseres Bruders nahm er eine
Reise vor, sich aufzumuntern. Er kam zu mir
nach Forbach, sah in dieser Gegend ein Mädgen,
das ihm gefiel, und heyrathete Sie. Sie ist eine
Enkelin, des noch lebenden D. Scherzes zu Stras-
burg . . . ." Das Stück fehlt nicht bei Ramler,
wie Hahn S. 23 behauptet, sondern ist von ihm
zuerst im Taschenbuch für Dichter und Dichterfreunde Abtheilung 12 (1781) S. 1—10 und dann
in den verm. Gedd. III. 12 verändert abgedruckt.
In der Handschrift stand V. 30 zuerst Erſt mey=
net' er, er fang ißt an zu leben V. 79 ihre Jugend
V. 109 liebte. Von Gleims handschriftlichen Veränderungen erwähne ich nur, dass er den unvollstän-
digen Vers 73 ergänzte durch aus längſt gewohnter.

10. „Bei Erblickung einer schönen Person."
Lyrische Bluhmenlese III, 21. Ramler I, 173.

11. „An den Grafen von Stralenheim." Von
Götz im Almanach der deutschen Musen 1771,
119. Ramler I, 163.

12. „Aglaja an die Nacht." Ungedruckt.

13. „An eine Schäferin jenseits des Wassers."
In zwei anderen Abschriften, darunter eine (M^1)
von Götzens Hand, am 25. März 1764 an Gleim
übersandt: „Ein arkadischer Schäfer disseits an
eine Schäferin jenseits." V. 3 Dann M^1 4 mir
und dir M^1 M^2 7 Genäß M^1 M^2 Lyrische Bluhmenlese II, 49. Ramler I, 10.

14. „Von sich selbst." Ebenfalls in späterer Form
am 25. März 1764 an Gleim geschickt: „Gröse
seiner Verdienste." V. 3 Zwo Lämmgen, das sind
meine Heerden; 4 Mein Feld das ist 6 Ich) müßte
Lyrische Bluhmenlese I, 8. Ramler I, 11.

15. „Auf den Burgunderwein." Vorher im
Anakreon 1746 S. 72, daraus wiederholt in der
Anthologie der Deutschen II, 222. Von Götz in
den Carlsruher Beyträgen III, 6 1765 196. Lyrische Bluhmenlese II, 48. Ramler II, 69. Vers 33
zuerst: heißt.

16. „Die wahre Liebe. Eine Nachahmung."
Von Götz in anderem Zusammenhange im Taschenbuch für Dichter und Dichterfreunde. Abtei-
lung II 1774) S. 83. Ramler III, 114.

17. „Prosaische Ode. An den Marquis von
Montbarey. 1749." Von Götz mit den Worten
übersandt: „Ich biege . . . noch eine prosaische
Ode bey, die ich, als Feldprediger, an den Sohn
des franz. General-Lieutenants, Marquis v. Monbarey gerichtet habe. Sie ist aber noch nicht
ausgeteilet" (Briefe S. 15). In der Handschrift
zuerst 46, 9 getrauet sich) 47, 29 Dämmrung 48, 3
Rose 48, 21 die 49, 4 am Rande preißen dann

wieder gestrichen 49, 5 sich empor zu heben. Ungedruckt.

18. „Anakreons Vermählung." Anakreon 1760. Bl. 3ᵇ, darnach in der Anthologie der Deutschen II. 198. Ramler I, 182.

19. „Lob des Anakreons und der Sappho." Anakreon 1760 Bl. 5ᵃ. Fehlt bei Ramler.

20. „Das Vergnügen." Lyrische Bluhmenlese I, 26. Ramler I, 48.

21. „Über die Wiedergenesung der Kayserin Frau Mutter, und des Pabstes zu gleicher Zeit." Vgl. Götz an Gleim (Briefe S. 78): „Diesen Augenblick seh ich, dass ich Ihnen von einigen Gedichten z. Ex. von diesem vorstehenden ein unrechtes Exemplar in der Eile copirt habe. Es sollte heissen" . . . Es folgen nun die in den Text gesetzten, auch an Ramler übersandten Lesarten, wogegen das „unrechte" Exemplar folgende hat: V. 2 (Des Himmelskönigs Vicedom) 4 keusch und fromm 11 zwar etwas weit 12 Doch 16 Großmüthig und 17 Vom Kayser, und dem ganzen Reich. (Göttinger Musenalmanach 1771, 180. Ramler III, 189.

22. „Auf ihren Geburtstag." Ramler I, 81.

23. „Der Schmetterling und die Biene." Von Ramler im Vossischen Musenalmanach 1783, 211. Ramler III, 145. Ramlers Fabeln und Erzählungen (1797) III, 16.

24. „An Phillis." Lyrische Bluhmenlese II, 51. Ramler I, 6 „Der Sklavenkauf."

25. „An die Nachtigall." Ramler II, 213.

26. „Das Kind." Ungedruckt.

27. „An das Grass, worauf Phillis geruht." Lyrische Bluhmenlese II, 50. Ramler I, 177.

28. „Die Hirtin." Ramler II, 80 „Thestylis."

29. „An Morpheus." Lyrische Bluhmenlese V, 12. Ramler I, 180 „Daphne an den Morpheus."

30. „Des Abt * * Entschluss bey Erbauung

seines Klosters." Ramler sendet das um-
gearbeitete Manuskript am 21. September 1772 an
Boie Königliche Bibliothek zu Berlin, nach gefl.
Mitteilung des Herrn Dr. C. Krohn : darnach im
Götting. Musenalm. 1773. 228 [Q.] Ramler I, 131.

31. „Amalia." Ungedruckt.
32. „Der Frühling.- Ramler II, 133.
33. „Die Klage.- Ramler I, 99.
34. „Sans les illusions, que servient nos
    plaisirs.- Lyrische Bluhmenlese I, 28. Ramler
    II, 66 „Weisheit und Liebe.-
35. „Erstes Rondeau: nach einem franzö-
    sischen Dichter aus dem 14. Jahrhundert."
    Ramler III, 47 „Des Frühlings Ankunft. Zwey
    Ringelgedichte . . . I."
36. Zweytes Rondeau.- Ramler III, 48 „Des
    Frühlings Ankunft . . . II.-
37. „Catulls 3tes Sinngedicht.- Ungedruckt.
38. „Catulls 13. Sinngedicht.- Göttinger Musen-
    almanach 1772, 125 [Q.. Ramler II, 232 „An
    den Fabullus.
39. „Kunz und Görgel.- Schreibtafel. Lieferung
    II, 19. Fehlt bei Ramler.
40. „Der flüchtige Amor.- Von Götz in an-
    derem Zusammenhange im Taschenbuch für Dich-
    ter und Dichterfreunde. Abtheilung II 1771 S.79.
    Fehlt bei Ramler.
41. „Aglaja an Athamas.- Göttinger Musen-
    almanach 1774, 201 [Q.] Ramler II, 23 „Aegle
    und Philint.-
42. „Das zu grose und zu kurtze Glücke.- Vor-
    her im Anakreon 1746 S. 51. Fehlt bei Ramler.
43. „Bitte an die Götter." Ramler II, 32.
44. „Sinngedicht.- Ungedruckt.
45. „Ringelgedicht. Auf einen Brandwein-
    brenner.- Lyrische Bluhmenlese III, 8. Ramler
    III, 196.

46. „Als Timoleon zu heyrathen gezwungen ward." In einer anderen Abschrift, ebenfalls am 25. März 1764 an Gleim geschickt, fehlt V. 6. Lyrische Bluhmenlese III, 25. Ramler 1, 12 „Der gewungene Ehestand."

47. „Was von ohngefähr geschehen könnte." Von Götz im Almanach der deutschen Musen 1771, 124. Fehlt bei Ramler.

48. „Der befolgte Rath." Ramler II, 132.

49. „Akanth und Phryne." Ramler II, 95.

50. „Auf Olympens Hand." Ungedruckt.

51. „Auf den Tod eines Freundes." Eine andere, gleichzeitige Abschrift hat mehrere Schreibfehler. V. 10 traurigs. Ungedruckt.

52. „Gefährlichkeit des Lobs." Ungedruckt.

53. „Liebe brauchet nicht Verstand." Von Ramler im Vossischen Musenalmanach 1785, 197 [Q.] Ramler II, 230 „Der reisende Verstand." Ramlers Fabellese (1783) VI, 38.

54. „Sinngedicht." Von Ramler im Göttinger Musenalmanach 1771, 96 [Q.] Fehlt bei Ramler.

55. „Auf den Lustgarten zu * * *" Ramler I, 100.

56. „Seladon." Lyrische Bluhmenlese V, 9. Ramler II, 82.

57. „Das Leben." Ramler II, 225 „Die Lebenszeit."

58. „An die Frau von * * *." Ungedruckt.

59. „Luna, und ihre Mutter Latona." Ungedruckt.

60. „Fabel." Von Ramler im Göttinger Musenalmanach 1771, 47 [Q.] Ramlers Fabellese (1783) I. 14. Ramler III, 89 „Die beiden Kornähren."

61. „Sinngedicht." Ramler III, 52 „Der Reisende."

62. „Über ihre Blässe." Ramler I, 11 „An die blasse Iris."

63. „Bey Gelegenheit der Aufnahm eines schönen Geistes unter die 40. besoldete Mitglieder der französischen Akademie."

Zu V. 4 am Rande: Trägt. Von Ramler im Göttinger Musenalmanach 1772, 156 [Q.] Ramler III, 195.

64. „Fragment." Ungedruckt.

65. „Über die Springbrunnen zu Paris." Ramler I, 65 „Die Nymphe der Seine an die Stadt Paris."

66. „Die Liebe." Ramler II, 22 „An die Vögel."

67. „An gewisse Frauenzimmer." Von Ramler im Göttinger Musenalmanach 1772, 183 [Q.] Ramler III, 191.

68. „An Phillis." Lyrische Bluhmenlese V, 21. Ramler I, 51 „An Thestylis."

69. „Petrarch." Lyrische Bluhmenlese V, 22. Ramler III, 235 „Der Dichter von seinen Liebesliedern."

70. „Nach dem Rousseau." In der Handschrift zuerst: „Rousseau p. 206." Lyrische Bluhmenlese I, 33. Ramler III, 11 „An Euphrosynen."

71. „Seine Ähnlichkeit mit Apollen." Lyrische Bluhmenlese IV, 52. Ramler I, 130 „Ähnlichkeit mit dem Apollo."

72. „Angebinde." Von Ramler im Göttinger Musenalmanach 1773, 204 [Q.] Ramler I, 30.

73. „Das Anmuthsvolle und Holde." Ramler II, 210 „Der Mittag, Abend und Morgen."

74. „Die Himmlische und irdische Venus." Von Ramler im Vossischen Musenalmanach 1784, 182 [Q.] Ramler II, 3.

75. „An die Frau von " " " Von Ramler im Göttinger Musenalmanach 1773, 166 [Q.] Ramler I, 176.

76. „Hymen und die Truppen Amors." Von Ramler im Vossischen Musenalmanach 1784, 110 [Q.] Ramler II, 26.

77. „Myrins Sinngedicht auf den Thirsis." Ungedruckt.

78. „Die Wiederkunft." Lyrische Bluhmenlese

I, 35. Ramler I, 37. Vgl. Voss über Götz und Ramler S. 155.

79. „Madrigal." In gleichlautender zweiter Abschrift. Lyrische Bluhmenlese I, 31. Ramler I, 26 „Die Untreue."

80. „Der dichtende Knabe." Ramler I, 128.

81. „Auf einen unglücklichen Arzt." Ramler II, 226.

82. „Der Amtman." Zu V. 17 am Rande un= nachahmlich. Ramler I, 113.

83. „Der verzweiflende Schäfer." Ramler III, 52.

84. „Süsigkeit der Liebe." Von Ramler im Göttinger Musenalmanach 1773, 160 [Q.] Ramler III, 198 „Kupido."

85. „Serenens Unbestand." Lyrische Bluhmen- lese I, 27. Ramler I, 135.

86. „Zuschrifft an den Herrn A. R. H . . zu H." Nachträglich von Götz an Gleim 24. Juli 1765 über- schickt mit den Worten (Briefe S. 85): „Diess soll die Zuschrifft an einen Freund werden, dem ich vieles schuldig bin. Helfen Sie mir sie ver- bessern! Ich wünschte wenigstens das Wort Salo- mon, welches Salomo heissen sollte, mit einem bessern verwechseln zu können. Sollte sich Hieron von Syrakus besser schicken?" Gleim schlägt statt dessen zu V. 17 vor: „Davids Sohn." Ramler II, 240 „An Celsa."

87. „Du und Sie." Das Manuskript, 2 Quartblätter, hat Ramler für seinen, einer Autographensamm- lung ähnelnden Nachlass, zurückbehalten; seine handschriftlichen Änderungen gehören nicht hier- her. Auf S. 4 von Götzens Hand: „Einige andere Lesearten. Zeile 30. Das Gebälk von Zitronenholz, oder jene Balken von Zedernholz — — Zeile 33. Durch die Gitter zu dir — — Ist durchs Gitter zu dir — — Zeile 44. Ohrgehänge, der Iris gleich Farbenstreuend bey Nacht — — Zeile 47. Deren du

tausend mir in der Jugend gegeben hast. Zeile 14. eine niedliche weiße Brust — — eine blendende weiße Brust — — Zeile 24. Weiß, wie der Mandelbaum — — weiß, wie die Kirschenblüth — — Zeile 28. Schreckt mit drohendem Blick jetzt der gefälligen Amoretten und Grazien — — jetzo der freundlichen Amor. u. Graz. Das franz. Original steht im Portefeuille d'un homme de Gout T. 1. p. 205.ʺ — Göttinger Musenalmanach 1774, 135 [D. G.] Ramler 1. 168.

Die Nummern 88—91 sind faksimiliert in den „Geliebten Schatten" Tafel 11 f. Die ebendaselbst wiedergegebene Handschrift der „Mädcheninsel" ist hier nicht aufgenommen, weil sie nicht, wie die übrigen Stücke, den echten Götzischen Text wiedergiebt, sondern eine bereits von Ramler beeinflusste Fassung, die dem Abdruck im Göttinger Musenalmanach 1775, 25—32 sehr nahe steht. Vermutlich liegt dem Faksimile die „gar zierliche, durchaus unveränderte Abschrift" zu Grunde, welche Voss S. 128 erwähnt.

88. „Madrigal." Das Faksimile mit der Unterschrift: Joh. Nikolaus Götz: Wintherburg 1765. Ramler 11, 160 „Von der Freude."

89. „Opfer für meine Freunde." Von Götz in der Schreibtafel, Lieferung 11 (1775) S. 36 und im Almanach der deutschen Musen 1776. 236. Lyrische Bluhmenlese IV, 51. Ramler 1, 50 „Der opfernde Sylvius." Vgl. Briefe S. 103.

90. [Triolet.] Fehlt bei Ramler. Vgl. Voss S. 163.

91. „Der Preis der Schönheit." Taschenbuch für Dichter und Dichterfreunde Abtheilung VI (1776) S. 93 [Q.] Ramler III, 177 „Auf Äglen."

Zum Schluss folgen acht Gedichte nach der Handschrift, die sich zwar nicht zeitlich fixieren lassen, vielleicht einer späteren Zeit angehören, hier aber der Vollständigkeit wegen aufgenommen sind. Nr. 92—95 sind im Besitze des Herrn Oberhofmeister Freiherrn

H. v. Donop in Weimar, Nr. 96—99 habe ich vor
kurzem von W. Künzel erworben. Nach dem Format
und Wasserzeichen des Papiers gehören die acht Stücke
zusammen: waren sie unter den Gedichten, die Götz am
31. Okt. 1780 an Knebel schickte?

92. „An seine Reime." Ramler I, 191 „Der Dichter an seine Reime." Vgl. Voss S. 29.

93. „An Olympen." Fehlt bei Ramler. Gedruckt
von J. H. Voss im Morgenblatt für gebildete
Stände 1809 Nr. 35 S. 137.

94. „Grabschrift." Ramler II, 64 „Grabschrift
des Xaverius."

95. „An Magister Dumm, der sich beschwe-
rete, dass sich Dokter Stumm ein Werkchen
zueigne, dass Er doch verfertiget habe."
Ungedruckt.

96. „Henrichs des IV.-ten Abschied von der schönen Gabrielle. (Aus seinem Französischen.)" Ramler II, 215 „ . . . Nach einem
alten Französischen Liede."

97. „Sinngedicht." Fehlt bei Ramler. Morgenblatt
für gebildete Stände 1809 Nr. 52 S. 205.

98. „Madrigal." Ramler III, 199 „Veit und
Blanka."

99. „An die Frau von * * *" Ramler III, 194
„An Olympen."

Bei Wiedergabe der gedruckten, wie handschriftlichen Vorlage habe ich mich den Originalen möglichst
getreu angeschlossen; die eigenartige Götzische Ortho-
graphie, welche auch auf die Reimbildung Einfluss hat,
ist in ihrem öfters launenhaften Wechsel beibehalten,
da dieser sich auch in der Handschrift findet. Auf
das litterarhistorisch interessante Beispiel S. 45, 6
und S. 49, 11, wo einmal richtig Klopstock, das andre
Mal der Gottschedsche Schimpfname Klopfstock steht, sei
ausdrücklich hingewiesen. Nur der fehlende Umlaut ist

durchgehends ergänzt, die Interpunktion in sinnwidrigen Fällen berichtigt und einzelne besonders auffällige Schwankungen der Schreibart normalisiert. Der Neudruck weicht demgemäss an folgenden Stellen von der Vorlage ab: Nr. 3, 82 tiefe 4. 42 5, 44 8, 123 9, 51. 57. 73. 77. 89. 93. 98. 138. 160. 168. 173. 176. 191. 195. 10, 10. 26. 29. 36. 38. 40 Sie 8, 72 Snd 8, 201 Im Cust. auf S. 11 Ach! 9, 23 erfährst 9. 60 87, 21. 34 Ihr S. 47, 6 Ihnen Nr. 49. 10 ausgemacht 55. 1 gesehn 59. 6 Das 61. 4 mein 65, 8 Dich) 75. 8 deine 77, 5 endwand 80, 11 nur.

Die vorliegende Ausgabe beruht grösstenteils auf den Schätzen des Gleimarchives zu Halberstadt, dessen Verwaltung ich für die mehrmalige Überlassung von Handschriften und Drucken zu grösstem Danke verpflichtet bin. Ferner haben mich gütigst unterstützt J. Bolte, Freiherr H. von Donop, M. Herrmann, C. Krohn, G. Weisstein und vor allem der frühere und jetzige Herausgeber dieser Sammlung. Bei der Korrektur war mir wieder mein Freund Dr. G. Eskuche behilflich.

Carl Schüddekopf.

Alphabetisches Verzeichnis
der Anfangszeilen und Ueberschriften der Gedichte.

Inhalt.

Die mit † bezeichneten Stücke sind hier zum ersten Male gedruckt, die mit * bezeichneten fehlen in der Ramlerschen Ausgabe.

Gedichte

von

Johann Nicolaus Götz

aus den Jahren 1745—1765.

Versuch

eines Wormsers

in

Gedichten.

HORAT. ART. POET.

— — didicit, patriae quid debeat, et quid amicis,
Quo sit amore parens, quo frater amandus.

—   —

1745.

Wünsche des Dichters.

O möcht ich, so wie ihr, geliebten Bienen, seyn!
An innerm Geiste groß, obwohl von Cörper klein;
Möcht ich so schnell, wie ihr, so glücklich im Bemühen
Der Wissenschaften Feld, so weit es ist, durchziehen;
  So starck durch Emsigkeit, so fähig durch Natur,
  Von Kunst zu Künsten gehn, wie ihr von Flur auf Flur;
Bemüht den treuen Freund durch Nutzen zu ergötzen;
Bereit dem kühnen Feind den Angel anzusetzen.
  Wie sehnlich wünscht mein Herz, daß stets mein Reimgebäu,
  An Kunst und Ordnung reich, wie eure Cellen, sey,
Und mein gelinder Vers, wie euer Honig fließe,
So nahrhaft für den Geist, wie für die Sinnen süße.

[4] # An Herrn G. E. Weise.

Was hör ich hier vor Symphonien?
  Und welche freudenvolle Schaar
Liegt auf dem Antlitz und den Knien
  Vor dem geheiligten Altar?
Welch eine Gottheit läßt sich spüren?
Die Steine scheinen sich zu rühren,
  Und jener weisse Marmor haucht.
O dreymal seeliges Gesichte!
GOtt zeiget mir in seinem Lichte,
  Wen er zu seinem Werckzeug braucht.

5] O Dichtkunst, Freundin frommer Thronen,
  Was schwebt dort für ein edles Bild?
Der Schutzgeist meiner Bangionen
  In einen goldnen Duft verhüllt.
Doch wen von seinen klugen Söhnen
Scheint seine rechte Hand zu krönen?
  Welch ist sein Namen und sein Lob?

Ich trag ihn über Feld und Hügel,
So hoch, als ehmahls Pindars Flügel
20   Den königlichen Kämpfer hob.

Erkenn ihn hier an dem Geleite,
     Das sich beschäftigt um ihn dreht.
Die Klugheit geht zur rechten Seite,
     Zur lincken Huld und Majestät;
25 Und die Entschloffenheit und Treue
Bereiten in der schönsten Reihe
     Den Weg vor ihm zu unserm Wohl.
Die sinds, die ihn so schön formiret;
Sein Hertze, durch sie angeführet,
30   Ist ihrer edlen Lehren voll.

[6] Er weis in Winden und in Stürmen,
     Wann andre von dem Steuer fliehn,
Das Schif des Staates zu beschirmen,
     Und führt es durch die Syrten hin.
35 Erschaffen, Bürger zu erhalten,
Und fähig, Scepter zu verwalten,
     Weis er von keiner Niedrigkeit.
Wann ihn die Bürger zürnen hören,
O GOtt! wie fliesen ihre Zähren?
40   Wie quillt ihr Hertz von bitterm Leyd?

Als ehmals auf Pangäus Höhen
     Des Orpheus krumme Leyer klang,
Kommt man an Fels und Flüssen sehen,
     Wie sie die Macht der Thonkunst zwang;
45 Da sah man auf der Ceder Spitzen,
Den Adler still und lauschend sitzen,
     Der Lieder Reitz berauschte ihn;
Er senckte nickend sein Gefieder,
Und über seine Augenlieder
50   Warf sich des Schlafes Wolcke hin:

[7] So zwingt die Kraft von seinen Gründen
    Der Hörer widerspenstig Herz.
Er spricht; sein Wort muß überwinden.
    Er tröstet, und es flencht der Schmerz;
Durch seine hohe Art zu dencken,   55
Wust er auch Könige zu lencken,
    Ihm und den Bürgern hold zu seyn.
O Dichtkunst! kan ich mich betrügen?
Wem fällt nicht bey so klaren Zügen
    Das Bild des grosen Weisen ein?   60

Was schimmert aber dort von weiten?
    Mein blöder Blick verliert sich gantz.
Ich seh das Gold der künftgen Zeiten,
    Ich sehe Worms in neuem Glantz.
Die Bürger lieben sanfte Sitten,   65
Der Feind im Hertzen wird bestritten,
    Der Tugend Mattigkeit erfrischt;
Und Kinder hören auf zu stöhnen,
Weil Weise die gerechten Thränen
    Von ihren zarten Wangen wischt.   70

[8] Er schaffet, daß in unsern Thoren
    Der Friede, selbst zur Kriegszeit thront;
Daß Ueberflus, den wir verlohren,
    Aufs neu in unsern Kammern wohnt.
Es blühen Wingert, Feld und Auen,   75
Die Art erschallt, man höret bauen,
    Des Künstlers scharfer Meisel klingt,
Und auf des Rheines klaren Tiefen
Schwimmt ein belebter Wald von Schiffen,
    Der uns der Fremden Reichthum bringt.   80

O Weise, Vater und Vergnügen,
    Von GOttes Huld unschätzbar Pfand,
Las dorthin deine Blicke fliegen
    In der entbundnen Geister Land.

85 Schau da, was künftig ist, im Bilde:
Wem lacht dies glänzende Gefilde,
Dies seelge Reich voll Herrlichkeit?
Wem sind doch diese Rosenfelder,
Die Blumenflur und Myrtenwälder,
90 Durch GOttes Finger zubereit?

[9] Nicht Königen, der Wohllust Knechten;
Nicht Herrschern durch den Geitz entzündt;
Nein; nur den Schatten der Gerechten,
Die Väter ihres Volckes sind.
95 Da herrscht itzt die vollkomme Seele,
Um deren Abschied ich mich quäle,
Erhaben über Tod und Zeit;
Lern, Weise, lern ihr ähnlich werden;
Die Tugend lohnt auf dieser Erden;
100 Die Tugend lohnt in Ewigkeit.

* *   * *
   *   *
      * *
         *

3 [10]   Bey Erblickung seiner
                    Vaterstadt.

Nach so viel überstandnem Kummer
Empfind ich nun, daß diese Ruh
Noch sanfter, als ein Mittagsschlummer
Bey schwülen Sommertagen, thu.
5 Mein Worms ergötzt mich schon von Ferne;
Wie wird erst die Entzückung seyn,
Kehr ich beym Glantz der Abendsterne
In seinen Mauren jauchzend ein?

[11] Wofern mich nicht die Sinnen trügen,
10 So seh ich dich, mein Ithaka!
Wo ich, gewindelt in der Wiegen
Zuerst das holde Tagslicht sah;

Wo oft mein Vater voll Erbarmen,
    In seinem Leben zu mir kam,
Und mich von meiner Mutter Armen
    Mit liebesvollen Worten nahm.

Mein Hertze saget mir im Stillen,
    An diesem Flus, an diesem Feld,
Wo Ströme gelben Weines quillen,
    Und Ceres Frucht die Scheunen schwellt,
An diesem Schmeltz beblümter Triften,
    An allem was die Gegend hat,
Selbst an den Thürmen in den Lüften
    Erkennst du deine Vaterstadt.

[12] O seyd gegrüst, ihr Bangionen,
    Der Friede kehre mit mir ein,
Der Friede müsse bey euch wohnen,
    Und fest an euch gefesselt seyn.
Und du, o Thurn, dort in der Mitte!
    Wie ist mir? ach! mein Hertze bebt = = =
Ist, oder ist dies nicht die Hütte,
    In welcher meine Mutter lebt?

Hier wars = = Ich kenne noch die Stelle,
    Wo einst mein Lebewohl erscholl.
Du Thüre, du geliebte Schwelle,
    Du sahest meine Thränen wohl.
Du sahst mich noch am Ecke weinen,
    Mit Reu und Sehnsucht rückwärts sehn.
O Hütte, leben noch die Meinen?
    Und darf ich auch zu ihnen gehn?

[13] Was frag ich? ist mir ihr Gemüthe
    Nach so viel Jahren nicht bekannt?
Zählst du die Proben ihrer Güte,
    So zählst du auch des Rheines Sand.
Doch schwör ich hier bey Hayn und Matten,

Bey allem was nur heilig ist,
Ja selbst bey meines Vaters Schatten,
Daß mir ihr Wohlthun nicht vergißt.

Nun endigt euch, ihr bittern Stunden,
50   Ihr süssern Tage fahet an,
Nun ich mein Vaterland gefunden,
      Nun ich die Meinen küssen kann.
O Vorsicht, wirst dein heilger Wille,
      Mir noch ein Jahr zu leben, zu,
55 So gönne mir in sanfter Stille
      In ihrem Schoose Fried und Ruh.

[14] Du prüftest mich durch schwere Zeiten;
      Nun kennstu ja mein junges Hertz.
Vier Jahre voller Bangigkeiten,
60   Gefahr, Angst, Kranckheit, Unmuth, Schmertz,
Des Todes Wurm im Eingeweide,
      Melancholey in Geist und Sinn,
Die rissen Hoffnung, Trost und Freude,
      Selbst alle Lust zu leben, hin.

65 Was dort der fromme Held erlitten,
      Sturm, Ungewitter, Näß und Schnee,
Wie Winde wieder Winde stritten,
      Litt ich nicht minder auch zur See.
Auch konnt ich auf des Wassers Flächen,
70   Die grausen Ungeheuer sehn:
Auch hört ich Mast und Segel brechen,
      Sah Schiff und Schifvolck untergehn.

[15] Einst, als von Stürmen hingerissen,
      Mein Schif bald nach den Wolcken gieng,
75 Bald in des Abgrunds Finsternissen,
      Bedeckt mit Wassern, krachend hieng;
Als ich dem werthen Vaterlande
      Entfernt den letzten Seegen gab,

Und sieben Meilen von dem Strande
   Nun nichts mehr wünschte, dann ein Grab: 80

Da spaltete mit raschen Roßen
   Der Geist der See der Tiefe Schooß,
Kam, als ein Strom, hervorgeschoßen,
   Und machte mich des Kummers los.
Sohn, sprach er, wahrer Sohn der Tugend,   85
   Halt in Versuchung nur Bestand,
Ich liebe dich und deine Jugend,
   Und schencke dich dem Vaterland.

[16] Du solst dem nahen Tod entgehen,
   Die Syrten werden dir nichts thun;   90
Die alte Mutter wirst du sehen,
   Und in der Brüder Armen ruhn.
Dies Meer, muß es gleich Laster strafen,
   Soll nie das Grab der Tugend seyn.
Ja, ja, dort seh ich dich schon schlafen   95
   Auf jenem Ufer an dem Rhein.

Da hör ich dich auf hellen Saiten
   In dem berühmten Maulbeerwald,
Mein Lob aus Danckbarkeit verbreiten,
   Daß das Gehölze wiederschallt.   100
Da kannst du dein beglücktes Leben
   Der Schaar der schönen Künste weyhn,
Um, wenn du einst wirst Abschied geben,
   Im Tode noch beweint zu seyn.

[17]   **An seinen ältesten Bruder.**   4

Ich schreibe nur, was ich empfinde,
   Und dichte, liebster Bruder, nicht.
   Wann dieses Lied zu zärtlich spricht,
So rechn' es der Natur zur Sünde.

5   Je weiter du entfernet bist,
          Je minder dich mein Herz vergißt.

          Ein Bootsmann blicket noch mit Zittern
            Vom sichern Strand aufs hohe Meer,
            Wo ihm der Fluten stürmend Heer,
10   Bey finstrer Nacht und Ungewittern
            Sein schwerbeladnes Schiff umrang,
            Am Fels zerschlug, und denn verschlang:

[18] So schauert mir auch mein Gebeine,
            Kömmt mir die Kranckheit in den Sinn,
15   Wovon ich zwar entbunden bin,
          Doch die ich einsam noch beweine,
            Weil sie des Leibes Marck und Kraft,
            Nebst meiner Jugend hingeraft.

          Sie kam in Nerven und Gelencke,
20   Vertrocknete der Adern Blut,
            Und trotzte mit vermehrter Wuth
          Des Artztes edlen Kräuterträncke.
            Ach! rief man bald mitleidig aus,
            Erschrick nicht, und bestell dein Haus.

25   Ich thats, und schwieg in meinen Schmertzen;
            Die Gnade stärckte den Verstand;
            Doch lag mir noch mein Vaterland,
          Nebst meinem Schöpfer, nah am Hertzen,
            Und jeder Freund den ich verlohr,
30   Kam mir in der Verwirrung vor.

[19] Da sah und grüst ich meine Brüder,
            Und gläubte, daß ich sie umfieng.
            Doch wenn die Phantasie vergieng,
          Ach! so verschwanden sie auch wieder;
35   Dies machte, daß in meinen Schoos
            Ein Strom von bittern Zähren floß.

Sprach man denn, mich vergnügt zu machen,
   Sie haben sich vielleicht versteckt,
   Und werden, wenn der Morgen weckt,
Dir anmuthsvoll entgegen lachen: 40
   So wacht ich, bis der Morgen kam,
   Und fand sie nicht, und schlief für Gram.

Hierauf erhub sich erst mein Leiden,
   Weil mirs so denn im Traume schien,
   Wie sie im grünen Felde fliehn,   45
Und sonder Abschied von mir scheiden,
   Ja, auf mein wehmuthvolles Flehn
   Nicht einmal freundlich rückwärts sehn.

[20] So ward mir jeder Tag zur Wochen,
   Und jede Woche wie ein Jahr: 50
   Und was von mir noch übrig war,
War ein Geribbe dürrer Knochen,
   Das sonst nichts mehr vom Leben wies,
   Als daß es nur noch Athem blies.

Einmahl erwacht ich unzufrieden,   55
   Saß in dem öden Lager auf,
   Ließ meinen Thränen freyen Lauf,
Und wandt mein Antlitz gegen Süden,
   Wo die beglückte Gegend liegt,
   Da man mich ehedem gewiegt.   60

Ach! sprach ich, hier in fremden Mauern,
   Wart ich aufs Ende meiner Noth,
   Kein Freund erfähret meinen Tod,
Ich Armer! wer wird mich bedauern?
   Wer drücket mir die Augen zu?   65
   Wer wünscht mir eine sanfte Ruh?

[21] Gehabt euch wohl, ihr theuern Seelen,
   Du, welche mich zur Welt gebahr,

Du, meiner werthen Brüder Schaar,
70 Laßt euch nicht meinen Abschied quälen;
Ich folge meines Vaters Spur,
Der vor mir in die Grube fuhr.

Ja, Vater, zwar die stärckſten Mauern
Zerſtört der Zeiten Grauſamkeit:
75 Doch ſoll dein Nachruhm lange Zeit
Auf deiner Kinder Lippen dauern,
Die du gleich guten Gärtnern zogſt,
Und ſchon als zarte Pflantzen bogſt.

Dies wahre Lob, beweinter Schatten,
80 Nimm noch in deinen Grüften hin,
Und warte bis mein treuer Sinn,
Gebunden in des Himmels Matten,
Aus kindlicher Erkäntlichkeit
Dir ein vollkommner Opfer weiht.

85 [22] Auch ihr, o weitentlegnen Auen
Der alten Vaterſtadt am Rhein,
Lebt wohl, und ſteht voll Korn und Wein;
Ich werd euch niemahls wiederſchauen;
Doch allzeit, wie bisher geſchehn,
90 Für euer Wohl gen Himmel flehn.

Nun lieſr' ich meines Leibes Bürde
In Kurtzem in des Todes Hand;
Beglückt! wenn ich in deinem Sand,
Geliebtes Worms, verſcharret würde.
95 Mich dünckt, daß ich noch eins ſo wohl
Alsdenn im Grabe ruhen ſoll.

So ſprach ich, und ſah ſchon von weiten,
Von dieſer Erde jähem Rand,

Der blaſſen Schatten ſtilles Land,
Das groſſe Reich der Ewigkeiten: 100
Geliebteſter, da kameſt du,
Und mit dir all mein Glück und Ruh = = =

[23]   **Warnung an einen ſchönen**   5
              Knaben.

Holdſeelig Kind, du meine werthe Freude,
    Anmuthig, wie der Weſt,
Rein, wie ein Lamm, das auf der Frühlingsweide
    Am Bach ſich ſängen läſt.

Dies goldne Haar, daß ſich itzt kurzgekrollet   5
    Um deine Schläfe krümmt,
Wenn es einſt braun in langen Locken rollet,
    Und auf den Schultern ſchwimmt;

Wenn Hebens Hand mit einem zarten Schatten
    Dein rundes Kinn betrönt,   10
Und ſich dein Geiſt nach freyen Blumenmatten,
    Und ofnen Feldern ſehnt:

[24] Wenn einſt dein Leib in holder ſchlanker Länge
    Zur Männergröſe ſteigt,
Wie Cedern thun, die in berühmter Menge   15
    Der heilge Hermon zeugt:

Alsdann, o Sohn, fleuch, gleich dem Strahl der Blitze,
    Den angenehmen Strand,
Wo neben dir auf einem Raſenſitze
    Dich Doris ſchön genannt,   20

Wo ſie geſagt, daß dir der Weinſtock blühet,
    Und auf dem Blumenfeld,
Um dich zu ſehn, der klare Quell verziehet,
    Und froh die Ufer ſchwellt,

25   Daß nur für dich die kühlende Melone
            Am Sonnenstrale reift,
        Und nur für dich der Lenz, des Jahres Krone,
            Im Rosenwäldgen streift.

[25]   Sohn, wenn sie einst, indem sie Blumen pflücket,
30   Die Stengel nach dir schmeißt,
        Wie? oder doch die steifen Stengel knicket,
            Und dir sich spröd entreißt,

        Und wie ein Reh in junge Myrtenhecken
            Nicht ohne Schalkheit flieht,
35   Vor ihrem Freund sich schüchtern zu verstecken,
            Doch so, daß er sie sieht:

        So folg ihr nicht: sie leitet deine Jugend,
            Auf Pfade voller Blut.
        Ach! folge nur der ewigschönen Tugend;
40   Die ist das höchste Gut.

        Die wird dich auch im Tode nicht verlassen;
            Verlasse sie nur nie.
        Was wär ich), ach! wenn du mich wolltest hassen?
            Was wärst du ohne sie?

6 [26   **An seinen Freund Damon.**

        Geliebter, gläube mir, ein Mensch ist glücklich dran,
            Der in dem treuen Schoos von Freunden ruhen kann,
        Die mit vereintem Fleis nach Kunst und Weisheit streben,
        Und auch der Menschlichkeit, was ihr gebühret, geben.
5   Ein solcher ist gewis der weisen Henne Sohn;
            Die Sonne sieht auf ihn von ihrem goldnen Thron
        Mit Neid und Groll herab, und wünscht sich solche Stunden,
        Wie zwischen mir und dir in reiner Lust verschwunden.

[27. Dem Höchsten sey gedanckt, der, wenn ichs sagen darf,
     Mich aus besondrer Huld in deine Armen warf;   10
Und als ich dich einmahl in seinem Tempel schaute,
Mich auch so gleich mit dir vor seinem Altar traute.*

     Seit diesem kam mirs vor bey aller Sklaverey,
     Als ob ich sorgenlos, und ungebunden sey:
Ich glaübte, wenn ich dich aus süsser Liebe hertzte,   15
Euryalus zu seyn, der mit dem Nisus scherzte,
     Und sah ich dich zu mir mit holden Schritten gehn,
     So meynt ich, wie im Traum, die Musen selbst zu sehn.

O daß der Himmel mir das hohe Glücke gönnte!
Daß ich zunächst bey dir auf ewig wohnen könnte;   20
     Und daß ich diese Stirn, den Thron der Redlichkeit,
     Dies holde Augenpaar, das so viel Anmuth streut,
Und diesen süssen Mund, der oft mein Hertz bewegte,
Den langen Tag hindurch beschaun und hören mögte!

[28] Wenn eine Nachtigall die nackte Brut verläst,   25
     So schreyt und zwitzert sie in dem einsamen Nest,
Man sieht sie ringsumher auf die begrünten Auen,
Die Hälsgen ausgestreckt, mit ofnen Schnäbeln, schauen,
     Bis aus der nahen Saat der Mutter Stimm erklingt,
     Die schon geflogen kömmt, und frisches Futter bringt: 30
So sehn ich mich nach dir. Ich muß es endlich wagen,
Dir, was ich leiden muß, mein werther Freund, zu sagen.
     Mein Hertze wallet schon aufs neue zu dir hin,
     Wenn ich nur einen Tag von dir geschieden bin;
Schau ich nicht stets dein Bild leibhaftig vor mir schweben,   35
So fehlt mir alle Lust in diesem Land zu leben:
     Des Tages holder Strahl ist mir alsdann verhast,
     Und jede Sommernacht die allerschwerste Last.

     * Sie bekamen in einer Kirche Gelegenheit einander kennen
zu lernen.

[29] Ach! bist du dann mein Freund, suchst du mein Glück zu bauen,
40 So laß dich jeden Tag bey deinem Freunde schauen:
   Wenn du bey mir nicht bist, so leb ich als verbannt;
   Wo du, Geliebter, bist, da ist mein Vaterland.

     ⁂   ⁂
         ⁂

7 [30] Ueber seine Freundschaft mit dem Thirsis.

   Hier saßen wir beysammen
     Am kleinen Wasserfall,
   Und sangen unsre Flammen
     Dem blumenvollen Thal.
5   Die säumende Narcisse,
     Bog, wo mein Thirsis saß,
   Beschwert durch Thränengüsse
     Das schöne Haupt ins Gras.

[31]   Da sahet ihrs, ihr Heiden,
10   Ich drückt ihm seine Hand,
   Wandt, reich an Pein und Freuden,
     Den Blick zum Vaterland,
   Und sprach mit leisem Thone:
     Die Tugend segne mich,
15   Und gebe mir zum Lohne,
     Mein zarter Freund, nur dich.

   Bekennen will ichs gerne,
     Ich bin nicht deiner werth,
   Doch gäben mir die Sterne,
20   (Was ich zwar nie begehrt)
   Glantz, Schönheit, hohe Gaben,
     Was See, und Erdreich hat,
   Sucht ich doch dich zu haben,
     Und dich nur früh und spath.

Ja, Freund, bey diesen Matten,
   Bey meinen Zähren hier,
Und unsrer Väter Schatten
   Bezeug und schwör ich dir,
Dir hab ich mich ergeben;
   Nur dich lieb ich, nächst GOtt:
Darf ich bey dir nicht leben,
   So fühl ich stets den Tod.   25

[32] Ein gütiges Geschicke
   Verknüpfte mich mit dir.
Dein Leben ist mein Glücke;
   Wo du bist, da ist mir
Der Himmel in der Nähe.
   Doch jedes Körngen Zeit,
Wofern ich dich nicht sehe,
   Wird mir zur Ewigkeit.   40

Gesundheit, Kind des Himmels,
   Die auch der Weise sucht,
Und du, Feind des Getümmels,
   Schlaf, der Gesundheit Frucht,
Ihr flieht vor meinen Blicken;
   O flieht, mit stätem Flug!
Mich ewig zu beglücken,
   Ist Thirsis schon genug.   45

Über

den Tod seines Bruders

Cornelius Georg Götzens.

* * *

Damon.

Kein Reim entweih dies dir geweihte Lied.

1747.

Haud quicquam mihi dulce meorum
Te sine, FRATER, erit.

Was seh ich? Himmel hilf! so zarte Wangen,
Solch einen schönen Mund, wo Suada thront,
Dies kästenbraune Haar, die klaren Augen,
Besprizt das faule Gift der Sterblichkeit?
Erhabne Tugenden, des Höchsten Töchter,   5
Gehorsam, holde Scham, Bescheidenheit,
Eilt euer Meisterstück geschwind zu retten,
Sonst stirbt mein werthester Cornelius.

Hilf Gott! es öfnet sich des Himmels Pforte,
Ein heilger Wächter fährt im Glanz herab,   10
Und löset sanft, mit dem etherschen Speere,
Das künstliche Gewirr des Knotens auf,
Der die geweihte Seele meines Bruders,
An dies zerbrechliche Gefäse band.
Er nickt und stirbt; o Himmel! und im Sterben   15
Fällt ihm sein Worms, sein süses Worms noch ein.

Weh mir! du fliehst davon, da ich noch athme,
Und lässest unbarmherzig mich zurück:
Ach! daß ich nicht mit Seufzen, Weinen, Grämen,
Zum Todtenreich den Zugang öfnen kann!   20
Denn sucht ich dich, dich, nun nicht mehr den Meinen,
Am stillen Flusse der Vergessenheit,
In tausend schattigten Cypressengängen,
Beym zweiffelhaften Licht der Dämmerung.

Du warst voll Lieblichkeit, wie Welschlands Triesten, 25
Gefällig, wie der West, wie Blumen, schön,
Wie weisse Lämmer sind, von holder Sanftmuth,
Der keuschen Liebe werth, und stets geliebt.

Du wuchsest auf, gleichwie ein junger Lorbeer,
30 Den alle Nacht der Abendstern bethaut,
Die grünen Arme kronenförmig breitet,
Und lustigschön aus schwarzem Boden steigt.

Ich liebte dich, wie Engel Engel lieben,
Als herrscheten die goldnen Zeiten noch.
35 Zehn Jahre lang sah ich dich alle Tage,
Als wär's an jedem Tag das erstemahl.
Kamst du allein, mir, wie du pflagst, entgegen,
So sprang um dich ein Heer von Tugenden;
Und giengest du mit mir in weiten Wüsten,
40 So gieng gantz Worms zugleich, mein Bruder, mit.

Nunmehr beseufzen dich die goldnen Aehren,
Die fetten Wingerte, die Blumenflur,
Der prächtge Tempel, wo du kunstreich sangest,
Die Maulbeerau, und Dahlbergs Sommerbusch.
45 Der Vater Rhein geht aus den dunklen Grotten,
Gantz triefend aus Gestad, und rufet dir,
Dreht rund umher die grosen Riesenaugen,
Und findt dich nicht, und schmiltzt für herber Pein.

Die Weltweisheit, die du so liebgewonnen,*
50 Entdeckte dir ihr edles Antlitz schon;
Trug dir im Qualm egyptscher Finsternisse,
Das sichre Licht der rothen Fackel vor.
Du hieltest stets die aufgerollte Charte
Von ihrem Reich, betrachtend in der Hand;
55 Ihr Demantschloß, das in der Ferne funckelt,
Bewegte sich, wie es fast schien, zu dir.

Nun lehnt sie sich an deines Grabes Marmor,
Ihr langes Haar folgt flatternd Zephirs Hauch,

---

* Er starb zu Halle, wo er eben die Weltweisheit zu stu-
dieren angefangen hatte.

Mit beedem Arm herzt sie die volle Urne,
Den Rest von dir, den sie mit Thränen küst: 60
So liegt im dicken Schwall beschäumter Wogen,
Der Rhodanus auf einer Schilderey,
Es tropft sein Bart, es tropfen seine Locken,
Sein starcker Arm stürzt klammernd einen Krug.

Cornelius, Geschenke meines GOttes,   65
Ach! allzubald verlässest du die Welt.
In dir verstirbt den künftigen Geschlechtern,
Ein groser Geist, und jeder Tugend Bild.
Du ewiglich zu leben würdger Jüngling,
Lebst, wenn dies leben heist, nur einen Tag,   70
Den Rosen gleich, die itzt der Ost gebohren,
Und itzt der Süd mit giftgen Stichen tödt.

Dein früher Tod beraubt mich aller Freude,
Verbittert mir des Lebens Süsigkeit.
Der werthen Vaterstadt beglückte Felder,   75
Sind nun für mich ein unwirthbares Land.
Die unansehnliche geringe Hütte,
Die deiner Jugend frohe Tage sah,
Ergötzet mich, weil noch die Mutter lebet,
Betrübet mich, weil du entschlafen bist.   80

Ich sprach: komm, holder Lentz! du Schmuck des Jahres,
Es seufzt Feld, Berg, und Thal verliebt nach dir;
Füll mit dem Ambraduft gewürzter Kräuter,
Den zarten Mirthenhayn, das junge Thal.
Auf bunten Fittichen gelinder Winde,   85
Weh uns vom Pfirsigbaum Gerüche zu,
Daß ich die kleine Stadt am Rhein besuche,
Die grose Seelen zeugt. Komm, holder Lentz!

Nun ach! verlang ich nicht den Lentz zu sehen,
Sein allerhellster Tag ist Nacht für mich.   90
Der Ruhe goldnes Haus ist mir verriegelt,

Und meine gröſte Luſt, das iſt mein Gram.
Ach! mein C o r n e l i u s, Freund meiner Seele,
Den ich weit mehr, als mich, weit mehr geliebt,

95 Ich werde nimmermehr dich wiederſehen;
Beſeufzen werd ich dich in Ewigkeit.

Hält dich die Liebe nicht zur armen M u t t e r,
Die du im Grab das erſtemahl betrübſt,
Die Tage lebt, wie lange Ewigkeiten,

100 Den Tod bald ſchilt, bald ſo dem Tode ruft:
„Gebar ich dich, mein ſüſeſtes Vergnügen,
„Gebar ich dich, dem blaſſen Reiche nur?
„Und ſollteſt du, da ich dich kaum erzogen,
„Undanckbarer, auf ewig von mir fliehn?

105 „Mir ſchmeichelte die ungetreue Hofnung,
„Ich würde bald, betagt und lebens ſatt,
„An deiner Bruſt, die dunckeln Augen ſchlieſen,
„Von dir betraurt ins Land der Schatten gehn.
„Nun läufſt du vor, Grauſamer, und ich lebe?

110 „O Leben ſonder Luſt! o wahrer Tod!
„O holdes Kind, zu meinem Leid gebohren!
„Mein ſüß Gemahl ſtirbt nun aufs neu in dir.

„Ach! meine Freundinnen, was wollt ihr machen?
„Erreget meinen Zorn mit Tröſten nicht.

115 „Mein Leid gefällt, und ſoll mir ſtets gefallen;
„Wohin ich ſeh, o S o h n, ſeh ich dein Grab.
„Dein unverhoft, und thränenreiches Sterben,
„Erneuert mir die Wehen der Geburt.
„Bedenckſt du nicht, was ich hier ſterbend thue,

120 „Wär deine Pflicht bey meiner Gruft zu thun?

So winſelt ſie in einſamſtillen Nächten,
Und Luna macht ihr rundes Fenſter auf,
Und gukt auf ſie vom blauen Himmelsſaale,
Mit blaſſem mitleidvollem Angeſicht,

Und läßt, wie Perlen, runde Zähren rollen,
Die man, wenns tagt, noch auf den Rosen findt,
Hüllt drauf das schöne Haupt in einen Schleyer,
Als schämete sie sich der Weichlichkeit.

Ich aber irr in öden Wüsteneyen,
Wo Traurigkeit den bleyern Scepter führt,
Wo neben mir das blasse Schweigen schleichend,
Den dürren Finger auf die Lippen drückt,
Wo um und um betrübte Schatten seufzen,
Und Gräber offen stehn, und Eulen schrenn:
Da seh ich tausendmahl, dich, Bruder, sterben,
Und fühle tausendmahl den Tod mit dir.

Denn bricht mein kläglich Ach die tiefe Stille,
Denn sing ich deinen Werth, und unsern Bund,
Und wie vor Ewigkeit des Schöpfers Liebe,
Mein künftig Glück mit deinem Seyn verknüpft.
O traurig Glück! von wenigen Sekunden!
O treue Saute komm, erneure mirs!
Umsonst. Du sinckst aus matten Bruderhänden,
Und ächzest sinckend noch: Cornelius.

Er aber steigt, als eine heilge Flamme,
Zur Himmelsstadt, dem ewgen Ursprung, auf,
Und wird nicht mehr der dunckeln Kugel leuchten,
Die seinen hohen Adel nicht erkannt.
Die Cherubim, in hellen Sabbathskleidern,
Empfangen ihn, gebückt, am goldnen Thor,
Beym lauten Klang unsterblicher Gesänge,
Wovon das himmlische Gebürge bebt.

Da ziehet er im Pomp durch breite Gassen,
Nächst lichten Schlössern hin, zur Gottheit Thron;
Und alsobald steht mit holdseelgem Lächeln,
Voll Majestät, der Sohn des Höchsten auf,
Nimmt mit der Hand das prächtge Diadema,

Das an dem goldnen Pfosten schimmernd hängt,
Und bindet es auf seine glatte Stirne,
160 Und ruft ihn laut, als Ueberwinder, aus.

Und unser **Vater** siehts, springt aus dem Lehnstuhl,
Der hocherhöhet strahlt, eilt auf ihn zu,
Durch hohe Helden, die zurücke treten,
Aus Ehrfurcht gegen seinen hohen Stand;
165 Bewillkommt ihn auf beyde Rosenwangen,
Wünscht ihm, in süßen Thränen, tausend Glück.
Der weite Himmel lacht im ewgen Glanze,
Und neue Wonne füllt das große Reich.

Drauf drehet er sein sonnengleiches Antlitz,
170 Mit ernster Freundlichkeit, von ihm, auf mich:
Die sanfte Harmonie der Sphären schweiget,
Die seelgen Heere horchen lüstern auf:
„Was trübest du des neuen Cherubs Freude,
„Geliebter Nikolaus?
175 „Mißgönnst du ihm, daß er zum Ziel gedrungen,
„Wohin du noch die heissen Räder lenkst.

„Soll er sein ewig Glück mit Füßen treten,
„Dein einzeln Glück, ein kurzes Glück zu dann.
„Wahr ists: er floh aus süßer Brüder Armen;
180 „Allein wohin? in eines **Vaters** Schooß.
„Hier flammet er in göttlichhohen Ehren,
„Hier ist sein Vaterland;
„Und wie ihn dort großmüthge Seelen liebten,
„So liebt ihn hier der Himmel und sein Herr.

185 „Wer stirbt, wie er, stirbt in recht goldnen Tagen;
„Nicht er, nur du, du bist beklagenswerth.
„Sieh an, er lebt, auf immergrünen Inseln,
„Von Irrthum, Nacht, Verdruß und Wechsel frey.
„Ein Amaranth schattirt die hellen Locken;
190 „Sein Fus tritt den Olymp.

„Und unter ihm dreht sich in tiefer Ferne,
„Der kleine Mond, wo deine M u t t e r weint.

„In einem Paradies, wo sanftre Lüfte,
„Durch fette Pomeranzenwälder wehn,
„Dadurch durchsichtge Bäche rieselnd rinnen,   195
„Auf deren Rand gemahlte Blumen stehn,
„Wo mit dem ewgen Herbst, ein ewger Frühling
„Geschwisterlich sich paart:
„Spazziert er, wie ein Stern, an meiner Seite,
„Und lobet GOtt, und GOtt ist selbst sein Lohn.   200

„Drum weine nicht. Bald schlägt die seelge Stunde,
„Da auch von dir der Rock des Todes fällt.
„Wir warten dein mit sehnlichem Verlangen;
„Sey, bis dahin, der alten M u t t e r Trost.
„Ich schwöre dir beym Glantz der Morgenröthe,   205
„Der um mich strahlt,
„Wir lieben dich; wer könnte dich vergessen?
„Da GOtt, dein GOtt, ja selbst dich nie vergißt.

VIRGILIUS.
Candidus insuetum miratur limen Olympi.

.   *   *

                      *

Aus der Handschrift.

Attis.

Eine Erzehlung.

Seinem zweeten Bruder
zugeeignet.

Als vor nicht langer Zeit der schlanke Attis,
Um seines Bruders Hintritt noch betrübt,
In melancholischen Gedanken irrte,
Sties er bey eines dunkeln Waldes Schlus,
Von ohngefähr an eine grose Wiese,
Die schöneste der Wiesen weit und breit,
Anmuthiger, als die hesperschen Gärten.
Da wallte sorgenlos und ohne Furcht,
Als wüst es nicht, wie reizendschön es ist,
Ein Schäsertöchtergen, im grünen Grase,
Das mit dem Morgenroth gekommen war,
Des Frühlings erste Kinder einzusammeln.

Ihr Angesicht war unter sich gekehrt
Auf die bethaute Flur, wo sie gebückt,
Die zarte Hand rundum spazieren lies,
Und braune Veilgen, schweflichte Narzissen,
Und blaue Hyacinthen, oder auch
Des Crokus Safranblume niedlich pflückte,
Wozu sie noch wohlriechenden Lavendel,
Gesunden Thymian und kräftgen Quendel,
Der holden Düfte wegen mischete;
Zu welchem Brauch? das wuste sie itzt nicht;
Doch sie erfuhrs. Auch du erfährsts mein Leser.

Indem sie so in ihrer Unschuld gieng,
25 Mit Lieblichkeit auch ungeputzt umgeben,
Ward Attis sie gewahr. Er stutzt, steht stille,
Macht seine grosen Augen noch so groß,
Und trinkt sich so an ihrer Schönheit trunken,
Daß er nicht weiß, wie, was, und wo er ist.
30 Bald meynet' er, er fang erst an zu leben,
Denn dünkt es ihn, ein zauberischer Traum,
Zeig ihm Arkadiens unschuldge Fluren,
Wovon die ewge Schaar der Dichter singt.

Nach hin und her gewälzeten Gedanken,
35 Erkennt er, was er sieht, gläubt was er fühlet,
Und murmelt in sich selbst:
                              „ich sehe nun
„Daß diese Triest ein günstger Gott bewohnet,
„Der meinen Geist mit seiner Gottheit speist.
„Der weisse Tag, der hier mit Zittern schwebet,
40 „Bringt mir die Ruh auf seinen Schwanenflügeln,
„Nach welcher ich so lang umsonst gerennt.
„Dies ofne Feld bezaubert meine Sinnen;
„Es gleicht an Frölichkeit den Sonnentriesten,
„Wo sonst mein Freund in Rosen weydete,
45 „Dem wie mich dünkt (hier zeigt er mit dem Finger,
„Zur Hirtin hin,) das zarte Bild dort gleicht,
„Um welche Güte, Sanftmuth, Huld und Keuschheit
„In festverschlungnem Ringe munter hüpfen.
„Sie ist so tugendhaft und jung, als er,
50 „Doch reizender, und würdiger der Liebe.
„Kaum seh ich sie, so nimmt mein Leid die Flucht,
„Der Rasen hier, der sonnenhelle Anger,
„Wo ich sonst weinend gieng, lacht mich itzt an,
„Weil ihre Gegenwart ihn lustig macht.
55 „Ich fühls, ich fühls, ein mir geheim Geschicke,
„Reißt meinen Geist zu ihrem Geiste hin
„Und wenn sie mir nicht willig günstig wird,
„Werd ich für Gram mein Leben niederlegen.

Wie Attis so sein innerstes eröfnet,
So fällt ihr Blick vom Schmelz der blühnden Au,   60
Da sie sich, (ohne dies schon allzureizend,)
In ihr schwartzbraunes Haar ein Blümgen steckt,
Von ungefähr auf ihn. Gleich färbt die Scham
(Als hätte sie was sündliches begangen
Ihr zartes Wangenpaar mit solchem Purpur   65
Wie wenn das Abendroth am Meere lächelt.
Drauf flieht sie ungeheißen von der Stätte,
Läst in der Eil ihr nettes Körbgen stehn,
Zieht ihren dünnen Schleyer vor die Augen,
Und springet, wie ein Reh, das Zephir schreckte,   70
Mit rascher Schüchternheit durchs Grüne hin,
Mit ihrem langgefalteten Gewande,
Das sie aus gewohnter Reinlichkeit
Von vornenher ein wenig aufwärtshub,
Von Blum und Klee die hellen Tropfen streifend,   75
Und einen neuen Pfad durchs Feld sich zeichnend.

Als er sie fliehen sah, schlug ihm das Hertze,
Und ihre Liebe schien ihm lieblicher,
Und ihre Jugend schöner noch zu glänzen,
So sehr erhebt Schamhaftigkeit die Schönheit.   80
Er meynete, in ihr lauf all sein Wohl,
Und all sein Glück, sein Leben selber fort.
In seinen Augen, die in Liebe flammten,
War Stillstehn hier die gröste Lasterthat.
Er hätte dir kein Königreich genommen,   85
Mit dem Beding, ihr itzt nicht nachzulaufen.

Er hub demnach geschwind ihr Körbgen auf,
Und als er es mit den gepflückten Blumen,
Die sie aus Angst verschüttet, angefüllt,
Folgt er ihr nach mit unverwandten Blicken,   90
Wie einer Turteltaub ihr Täuber folgt.
Er hätte nicht geschwinder laufen können,
Wenn sie auf dieser Welt die Einzge wär.

Kaum bog sein Schuh das Wegkraut unter ihm.
95   Drum sagt man auch, daß, seinen Lauf zu fördern,
     Die Liebe selbst die Fittich ihm gelehnt.

     Itzt, da er schon in ihrem Schatten lief,
     (Denn sie lief morgenwärts der Sonn entgegen)
     Da seine Sohlen ihre Sohlen jagten,
100 Und schon ihr Nacken seinen Odem fühlte,
     Sprach er demüthigbittend so zu ihr:

     „Ach! stehe doch, du junge Menschheit stille,
     „Die Liebe selbst ersuchet dich durch mich,
     „Die meinen Gang auf dieses Feld geleitet,
105 „Daß mir nach langer Nacht der Traurigkeit,
     „Ein goldner Stral der Morgenröthe scheine,
     „Nachdem ich lange schon den Freund gesuchet,
     „Vor dessen Blick die Wüsteneyen flohn,
     „Den ich, wie mich, und meine Wohlfarth liebe,
110 „Wiewohl er läufft, als lief die Sünde nach:
     „Nun da ich dich erblicket, dünkt es mir,
     „Ich hab in dir ihn völlig wieder funden,
     „So sehr bistu an Lieblichkeit ihm gleich:
     „Ach! gleich ihm doch an Gutheit auch für mich.
115 „Ich habe ja, dem Himmel ists bewust,
     „O einge Zierde dieser weiten Felder,
     „Wie über uns die rothe Sonnenfackel
     „Bey Tag die einge Zier des Himmels ist,
     „Zu aller Zeit die Tugenden geliebet,
120 „Die ich in deinem sittsamen Betragen,
     „Und in der keuschen Flucht vor mir bemerkte.
     „Um deren willen bistu mir so schön,
     „Daß ich dir nachgezogen, willig folge,
     „Durch deinen Mund mein Glücke zu erfahren:
125 „Und ob ich weis, ich sey nicht deiner werth,
     „Doch lieb ich dich, wie michs der Himmel heisset,
     „Der dich aus Huld für mich so reizend schuf,

„Dich selbst entbehrt, damit er mich beglücke,
„Weil ohne dich ich niemahls glücklich wär.

   „Empfange denn von meiner Hand dies Körbgen,   130
„Voll zarter Blumen, die ich neiden muß,
„Weil du, sie aufzusuchen, selbst gekommen,
„Du, sittsamer, als diese Veilgen selbst,
„Und keuscher, als die keuschsten Lilien,
„Und frischer, als des Mayes frischste Rosen,   135
„Die an Geruch weit minder reizend sind,
„Als du an Freundlichkeit und sanften Sitten,
„Empfange sie, doch auch zugleich mein Herz,
„Das rein, und offen, und durchsichtig ist,
„Wie die Crystallen dieser Wiesenquelle,   140
„Das alles hat, wann es nur lieben darf,
„Und Reichthum, Ehre, Ruhm und Lust verachtet
„Für einen Blick, den du mir lächelnd giebst.
„Und bleibe denn mit mir auf dieser Heide,
„Wo dich vordem die Myrthenstauden sahn,   145
„Als dir des Lebens erster Stral begegnet,
„Und wo die Redlichkeit, die holde Scham,
„Und wahre Lieb im Grünen sich ergehn,
„Seitdem die Könige sie weggebannt.
„Da wollen wir von Sünd und Laster frey,   150
„Im hellen Angesicht des Himmels selbst,
„Ein unbeflecktes Schäfer-Leben führen:
„Denn wird die Gegend unter deinen Füßen,
„Durch deiner braunen Augen Glanz verjüngt,
„Mit immerfrischem Klee und Kraut sich schmücken,   155
„Und jedes Blatt im nahen Lorbeerhayn,
„Wird dir zum Ruhm zu einer Zunge werden,
„Und Tag und Nacht dem Himmel, Erd und Luft,
„Von deinem Reiz, und meinem Glücke singen.

   So sittsam bat er sie um Gegengunst,   160
Und lief ihr nach biß unten an die Wiese,
Wie dem gehörnten Mond das Heer der Sterne,

Und wie dem Sternenheer die Stille folgt.
Ihr Odem fieng nun an sie zu verlassen,
165 Auf ihrem Angesicht stand heisser Schweiß,
Die Füße wollten sie nicht weiter tragen,
Und vor ihr floß ein krummer Schlangenbach,
Der schreckte sie mit zornigem Gemurmel,
Und drohete, mit ausgespannten Armen,
170 In ihrem spröden Lauf sie aufzuhalten.

Sie stand demnach, aus Scham sich röthend, stille,
Dreht ihre Augen seinen Augen zu,
Und als sie ihn in einer Stellung sah,
Daß er den Blumenkorb ihr zitternd reichte,
175 Konnt sie ihm länger nicht so grausam seyn.
„Ach!" seufzte sie im innersten der Brust,
„Wofern ich länger flöh, was hülf es mir?
„Er sitzt mir schon im Schreine meines Herzens;
„Er bittet viel zu schön, zu tugendhaft,
180 „Als daß man ihm nicht eilend helfen sollte.
„Ich fürchte sehr, wofern ich ihn nicht liebe,
„So liebt mich auch die holde Tugend nicht.

Sie nahm ihm drauf den Korb, sich neigend, ab,
Und saß auf weichem Moos mit Wohlstand nieder,
185 Er aber blieb, sein Hütgen haltend, stehn,
Und sprach mit Blicken fort, in welchen Tugend,
Und Zärtlichkeit, und Innbrunst funkelten.

Was thut die Schöne da? Sie schüttete
Das ganze Blumenheer in ihre Schürtze,
190 Und fieng für ihn ein schönes Cräntzgen an:
„Kömmt, sprach sie, Blümgen kömmt, krönt diesen Schäfer,
„Wenn er euch trägt, seyd ihr noch eins so schön.

Da lächelt er vor Freuden, und vor Freuden
Fiel Hut und Hirtenstab ihm aus der Hand.
Er hub sie auf und schwieg. O süßes Schweigen!
Wofern man schweigt, dieweil man glücklich ist.

Bey Erblickung einer
schönen Person.

Welche schöne Schäferin,
Die auf dieser Morgeninsel
Wie die reinste Sonne strahlt?
Keuschheit, Unschuld, Sittsamkeit
Folgen ihren muntern Schritten
Mit verschrenkten Armen nach,
Und verschönern ihre Schönheit,
Die Auroren neidisch macht.
Über ihrem Scheitel gauckelt,
Ein in sie verliebter Schwarm
Buhlerischer Morgenlüfte,
Die mit feuchten Fittichen
In dem Sonnenstrale funkeln,
Und ihr Tropfen hellen Thaus
Auf den weißen Busen sprützen,
Wo der Überfluß sich bläht.
Vor ihr hüpft die Frölichkeit
In dem weißen Sommer-Kleidgen,
Und die Scherze, nebst den Spielen,
Die, gleich kleinen Engelchen,
Aus den angefüllten Schürzgen
Mit den kleinen Götterhänden
Rosen, Veilgen, Lilgen holen,
Und die Schöne, und den Pfad,
Wo die Schöne geht, bestreuen.
Himmel! nun erkenn ich sie!
Himmel! ja es ist Aglaja!

O mit welcher Lieblichkeit!
Trägt sie auf den weichen Armen,
30 Nächst dem Herzen, an der Brust,
Ihre holde Augenweide
Das geliebte junge Lamm,
Und beglücket es mit Küssen,
Die der Himmel selbst sich wünscht!
35 O mit welcher Majestät!
Wallt sie nach dem Myrthenwäldgen,
Wo ihr liebster Athamas,
Voll Begierden auf sie wartet;
Cypria war minder schön,
40 Wenn sie mit den keuschen Nymphen
Und den nackten Gratien
Unterm hellen Abendsterne
Von Siciliens Gebürge,
In die stillen Thäler stieg.

11   An den Grafen von Stralenheim,

Meitre de Camp,

und Obrister beym Regiment

Royal-Allemand.

Wie lieb ich dich, du unbezwungener Krieger,
Der Armuth schätzt, und persische Weichlichkeit flieht,
Und wie ein Cherub, zwischen flammenden Wänden,
Zum goldnen Schloß der Ewigkeit steigt.

5 Dein bloses Haupt drückt nachts im türkschen Gezelte,
In das der Mond mit hellem Angesicht guckt,
An Polsters statt, den blaugestähleten Kuras,
Und träumt auf harter Erde von Ruh,

Und träumend wandelstu in marmornen Gängen,
10 Mit Philosophen und mit Helden vermischt,

Die ihre Kräntz um deine Kränze vertauschten,
Und sehn, du bist nicht kleiner, als sie.

Biß um dich her das Prasseln freßender Flammen,
Um Mitternacht den sanften Morpheus verjagt,
Dann greift die braune Faust zur schwankenden Lanze,   15
    Die in dem Rasen, neben dir, steckt;

Dann geheftn, mit lebhaft blühenden Wangen,
(Als rolle deine Braut in fürstlicher Pracht,
Auf einem Wagen von gediegenem Silber,
    Vom östlichen Gebürge herab,   20

Den blankbepanzerten Phalangen entgegen,
Die, gleich dem ewgen Wall um Rhadamanths Stadt,
Erhaben stehn: doch die du schneller zertheilest,
    Als Luna Creise giftigen Dunsts.

Wenn nun ein schwartzes Meer lautrauschenden Blutes,   25
In das der Abendstern den Silberstrahl tunkt,
Mit regen Wirbeln halbverbrannte Gefilde,
    Nebst Mann und Roß und Wagen verschlingt:

Dann sieht die Muse, deren silberner Wurfspieß
Dein feines Ohr mit hohem Sausen erfüllt,   30
Dort deinen Vater* mit hellstralendem Haupte
    Aus dem Pallast Elysiens schaun,

Wie sich dies Wort von seinen Lippen ergießet:
„Vortreflichschön, Sohn, wer fürs Vaterland lebt:
„Unendlichschöner, wer fürs Vaterlands Beste,   35
    „Wie du, ins Todes Rachen sich wagt.

---

* Den ehemahligen Königlich schwedischen Botschafter am
Kayserlichen Hof, General-Lieutenant, und General-Gouverneur
des Herzogthums Zweybrücken, der ein großer Liebhaber der Dichtkunst war.

„Kein Königreich mag den nach Würden belohnen;
„Nur der Unsterblichkeit demantener Kranz,
„Und ein Gesang, den Langens goldene Leyer
40   „Auf dem Gebürg Aoniens singt.

12   Aglaja an die Nacht.

Auf einer Bank von Moos, an eines Hügels Fuß
Saß ich, und Athamas, o Nacht in deinem Schatten,
Und seufzten unsre Pein dem nahen Wasserfluß,
Der stillen Einsamkeit und den geweihten Matten,
5   Da rief von einem Ast ein Vögelchen dem Gatten,
Lern, holder Gatte, hier, wie man recht lieben muß.

13   An eine Schäferin
                 jenseits des Wassers.

Mit Thränen seh ich dich von dem erhabnen Strand
          Auf jenen Blumenwiesen wallen:
          Doch Ladons fliesende Crystallen,
Sind zwischen dir und mir die breite Mittel-Wand.
5   Ach! Doris! wie wär ich der Seeligste von allen
          In ganz Arkadien,
Genöß ich nach dem Glück von Ferne dich zu sehn,
     Das Glück, dir nahe zu gefallen.

14   Von sich selbst.

Von allen Sterblichen auf Erden
     Bin ich gewiß der Ärmeste:
Ein Lämmgen dient mir statt der Heerden,
     An Felder statt ein Fleckgen Klee.
5   Doch wenn man auf Verdienste säh,

So müßt ich mindstens König werden,
    Denn ich bin der Verliebteste
Von allen Sterblichen auf Erden.

Auf den Burgunderwein.   15

    Der war gewiß ein frommer Mann
    Den Jupiter so liebgewann,
Daß er ihm diesen Weinstock schenkte,
Ihn selbst in seinen Garten senkte,
Und voll so schöner Trauben henkte.   5

    Der Luna Horn muß ihn bethaut,
    Apollo huldreich angeschaut,
Vertumnus Spate selbst umgraben,
Und für den Staaren und den Raben
Der Speer Priaps beschützet haben.   10

    Das war gewiß Dianens Hand,
    Die mit dem Ulmbaum' ihn verband,
Und ihren Seegen auf ihn legte,
Weil er sie zu verbergen pflegte,
Wenn sie den schönen Jüngling hegte.   15

    Eh Peleus in der ersten Nacht
    Der Braut den Gürtel losgemacht,
So fehlte bey dem hohen Feste,
Zu der Bewirthung seiner Gäste,
Der süße Nectartrank, das Beste.   20

    Da sagte Zevs zur Götterschaar:
    Wir trinken Nectar, Jahr für Jahr,
Seitdem wir in den Wolken leben:
Doch heute sollen irdsche Reben
Unsterblichen ein Labsal geben.   25

Er schüttelt sein allmächtig Haupt.
Gleich steigt der edle Stock, belaubt,
Mit schlanken Armen in die Lüfte,
Verbreitet holde Frücht' und Düfte,
30 Daß er den Ruhm des Meisters stifte.

Gehabt euch wohl, schrie Cypria,
Du Nectar, du Ambrosia;
Euch so vermißen, ist gewonnen.
Es lebe Zevs, der nach der Sonnen,
35 Kein wunderschöner Werk begonnen.

Sie streckt die Finger lüstern hin
Ein Rebenkind zu sich zu ziehn,
Und rizt den Lilgenarm im Klauben.
Seit diesem purpern sich die Trauben,
40 Als wie der helle Hals der Tauben.

16   Die wahre Liebe.
Eine Nachahmung.

Auf einer alten Mauer saßen
Zwei junge treue Turteltauben,
Die, voll von innerlicher Liebe,
Die Augen auf einander wandten,
5 Und dann und wann die Flügel zuckten.

Ein Sperling auf dem nächsten Dache
Voll buhlerischer Brunst und Schalkheit,
Hieß dieses Paars verliebte Ruhe,
Frost, Schläfrigkeit und Unvermögen.

10 Da sprach der Taüber, doch mit Sanftmuth:
Sprich nicht so schlimm von unsrer Liebe.
Horch! deine junge Gattin seufzet.

Sie heißt dich einen Ungetreuen.
Sie, die du gestern erst geehrlicht,
Wird heute schon von dir verlaßen!
Du liebest freylich stark und feurig:
Wir lieben sittsam, aber ewig.

Prosäische Ode.

✳

An den Marquis von Montbarey.

von

Joh. Nikol. Götz,

Feldpredigern unter dem königlich französischen
Leibregimente zu Pferde
Royal-Allemand.

1719.

Der junge Herr war Vorhabens die Thaten des Maréchal,
Grafens von Sachs in einem Gedichte zu besingen. Der
Dichter läßt ihn die Schwierigkeiten, und Größe dieses Unter-
nehmens einsehen, und räth ihm ab: schlägt ihm anbey einige
seinem zarten Alter anständigere Materien, zu besingen, vor,
und schließt mit einem ehrfurchtsvollen Lobe Klopstocks und
Bodmers, der Verfaßer der zween Epopöen, die wir Teutschen,
wenn sie gebührend ausgearbeitet worden, den Ausländern
künftig entgegen setzen werden.

✳

Wohin, mein zärtlicher, mein geliebtester Monbarey? auf
welche Höhe wagest du dich mit einem leichten Kahne, du, der
die untreue See noch niemahls geprüft hat. Kein sicherer

Stern blitzt dir am blauen Himmel; keine sanfte Weste blähen
dir gelinde die purpurnen Seegel; und du kennest die Felsen
dieser gefahrvollen Gegend nicht, die ein dicker Duft, gleich
einem Vorhange, vor dir verbirgt, biß dein Kahn daran zer=
schellet ist.

Siehestu nicht mit kaltem Schauer, wie mancher Tod dir
entgegen schwellet, welche Abgründe sich vor dir aufthun, die
schon eine ganze Welt von Reisenden verschluckt haben. Keiner
getrauet sie zum andern mahle an zu sehen, dem Zevs, nach
langem Händeringen, doch mit Verlust aller seiner Reich=
thümer, das erstemahl landen laßen.

Die Thaten des Sohnes der nordischen Aurora* sind
hoch, wie die Lilien unter ihren Schwestern, den zarten
Töchtern des Frühlings; aber sie sind auch rein, wie sie; ein
unheiliger Finger berührt sie nicht, ohne den Glanz zu be=
flecken, in den sie gekleidet sind.

Die Bahn der Ehre, von seinen starken Schritten so oft=
mahls erschüttert, ist von vielem Blute, womit sie übergoßen
worden, ganz schlüpfrig: an Höhe, wie an Gefahr gleicht sie
der Bahn, darinne die Sonne unermüdet fortlauft. Phaëton
bereuete sterbend, aus Durst nach Unsterblichkeit den kühnen
Lauf begonnen zu haben, der noch keinem gelungen ist. Was
wär ich, o Freund, wenn du ihm ähnlich würdest; wenn du
mir unterkämest, wie er, mit dem kahlen Ruhme, daß dich die
See verschluft habe.

Siehestu den König der Lüfte, Jupiters mächtigen Vogel
mit ausgespannten Flügeln zwischen der Erde und der Sonne
hängen? So weit er die breiten Wälder des tannenreichen
Ida unter sich siehet, so nahe sieht er die Palläste der Sonne
über sich. Iris schöner Bogen ist schon unter seinen Füßen.
Er sizt darauf. Er erschnauft sich, und sezt seine edle
Wanderschaft dann wieder fort. Sein Gefieder, in die naßen
Wolken getaucht, damit es in der Nachbarschaft der Feuers
nicht in Brand gerathe, ist unermüdet, wie der Gott, dem es

* Der Maréchal von Sachs war ein Sohn der schwedischen
Gräfin, Aurora von Königsmark.

sich entgegen schwinget. Seine noch nicht schwarzen Kinder
sitzen in ihrem Neste, das zwischen hohen Felsen gebauet ist,
und staunen zitternd die kühnen Reisen ihres Urhebers an.
Schwach von Flügeln getrauen sie sich ihm nicht nach. Sie
wagen nur einen kurzen Flug der sie nicht weit von ihren
geliebten Penaten entfernet. Ferne von ihnen die Höhe
verehren, aus welcher dein Held die Erde ansiehet, und be=
hutsam davon bleiben.

Zähestu, wie ihn die lautrauschende Donau auf einem
Roße, weiß, wie die Schwingen des Winthermonathes an das
ungläubige Ufer trägt: die Türkenhorden kannten ihn, und
sagten: Kühner Rittersmann, kommstu den Tod zu bringen!
Zähestu ihn, schnell, wie der feurige Blitz, und stark, wie
ein mitternächtliches Donnerwetter, jenes Felsenthurnes de=
mantene Riegel, ein Werk des lemnischen Vulkans, zersprengen,
und, wie ein getulischer Löwe, der der schweren Falle der
Jäger entgangen, seine Tatzen in das Blut seiner Feinde
tauchen, oder in blinkenden Stahl gekleidet, ruhig, wie die
Vorsehung der Götter für sein Gezelt kämpfen, mitten in
Flammen, die wie eine See um ihn herumfließen, und über
und über in Wirbel schlagen: der Ort, worauf du stehest,
würde dich fest halten, und der versteinernde Schrecken dich
in dein eignes Grabmahl verwandeln.

Das Geräusche der Waffen, unter welchen Moritz sein
ruhmvolles Leben begonnen, fortgeführet, und geendiget, ist
schon alleine vermögend eine junge und unerfahrene Kamöne
mit tödtlichem Schrecken zu füllen. Siehe! auch die deine
erblaßet, und bebt. Wie eine säugende Rehkuhe, die ganz
alleine in der braunen Morgendämmrung zwischen alten Fichten
weidet, wenn sie mit einmahl den Klang eines losschnellenden
Bogens zu hören vermennet, mit leichten Schenkeln, obwohl
sie niemand, als ihr Schatten jaget, so lange fleucht, biß sie
Athemlos zu Boden stürzet, also fliehet sie würklich nach den
stillen Grotten des aonischen Thales, bloß von den Westen
gefolget, die ihr die Locken nachtragen.

Fleuch mit ihr, mein Montbarey, und verstecke dich in
der Nacht eines heiligen Waldes, irgendwo an einer sprudeln=

den Quelle, die zwischen zwo Reihen wohlriechender Linden
hinrieselt, wo der Friede, mit Oliven bekrönet, auf weichem
Rasen thronet, wo die neidische Tulpe sich hinabbückt an der
stolzen Lilie zu riechen, und der Epheu sich so nahe an die
Rose macht, als wenn er sie küßen, oder ihr was geheimes
sagen wollte. Daselbst singe den gelben Vogel, den dir die
fernen östlichen Inseln gesandt haben, deinen beglückten Neben=
buhler, der, wenn du ferne von deiner spröden Gebieterin
stehest, auf ihrem Busen sitzet, und sich umsieht; oder nein,
besinge lieber sie selber, die so witzig ist, wie du; der die
Gratien nachgehen, ob sie gleich nicht gerufen werden. Be=
lohnen dich jene Lorbeern nicht, die das erhabene Haupt Pin=
dars umkrochen haben; darfstu nicht unter den Palmen spazieren,
die das Alterthum auf dem Gestade des Simöis dem Mäo=
nides gepflanzt hat: so vermißestu doch die Sträuße Anakreons
nicht, die in den teischen Weingärten gepflückt worden; ver=
säume keine Zeit sie mit den Kränzen zu sammlen, die Flakkus
gelehrte Schläfe beschattet haben. Was wird deinen Liedern
fehlen, wenn der Geist dieser alten Sänger des Parnaßes in
sie übergehet; wenn sie die Empfindungen fortpflanzen, die
mit dem Frühlinge in deine Seele gekommen. Werden deine
Gesänge an Feuer deinen Augen, und an freyer Lieblichkeit
deinen gelben Haaren gleichen, in deren Knoten sich die
Nymphen der Saar so oftmahls verwickelt haben: so werden
sie ewig leben, wie die Seele, die sie gezeuget, und alles an=
ziehen, was ihrem Creiße zu nahe kommt. Schon dünkt mich,
stehet jenes schneefarbes, sonst so scheuches Kaninchen, mit
seinen Augen von Karniol, stille, und horcht; schon ruhen
Favonius Kinder über dem Ährenfelde, das keine See mehr
ist; schon sinken die Wolken des Schlafes auf die Augenlieder
jenes Adlers, der auf der Spitze der Ceder sitzet, und lauscht.
Er, der den Glanz des hellen Tempels der Sonne erträgt,
wiederstehet deiner Leyer nicht. Die Wohllust feßelt ihn, die
seine Nerven durchfließet, und übergießt ihn mit Schlummer.
Er nickt. Der Raub in seiner Klaue ist vergeßen. Er öffnet
sie. Der bunte Specht entflicht, und entfliehend segnet er
deinen alles bezaubernden Gesang. Er fürchtete, daß er für

ihm ein — Sterbelied seyn würde, und siehe, er ward eine Quelle seiner Freyheit.

Aber während dem ich auf deine Lieder acht habe, und gerüstet stehe, deinen Genius zu erheben, das Ebenbild des edlen Champagners, flüchtig, emporzusteigen, und unbändig, wenn man ihn einschrenken will: so zertheilen sich silberne Nebel vor meinen Augen, und jene heilige Laube erscheint mir, die unsterbliche Zier der Gärten in Eden. Weibliche Lorbeern lehnen sich vertraulich an männliche, und bilden, indem sie ihre eheliche Zweige mit einander vereinigen, einen wohlriechenden Tempel, worinne Klopstock auf seinem Throne sitzend, indem ihm die Ewigkeit ihren Ring ansteckt, jene Leyer rühret, die ihm ein Seraph mit seinem Golde bezogen. Der Sänger Noah liegt auf zartem Grase neben ihm. Indem er den Nektar mit Purpurlippen aus Rubin trinkt, bücken sich viele grose Dichter vor ihm, die die Ehre auch tröut, aber minder, als ihn.

Gegrüßet seyd mir, o kühnen Schwäne, an den Ufern erzogen, wo die Erde zunächst an den Himmel grenzt. Das Rad der Sonne stund verwundernd stille über dem Glücke eures Fluges. Alle andere sehen euch begierig nach, aber folgen können sie euch nicht. Seyd gegrüßt, ersten Söhne dieses Weltalters, welche die Gottheit ihre Sprache* völlig gelehrt hat. Eure Kronen hängen zu hoch für mich, und der Glanz, der euch umgibt, ist zu blendend für meinen irdischen Augapfel. Möchte ich, ein Schüler, euch nur von ferne nach= folgen können: möchte ich nur einen Bündel jener Lichtstralen auffangen können, die eure Seelen erleuchten; möchte nur ein Kränzgen von jenen Rosen gewunden, die ihr nicht würdiget, aufzulesen, meine Schläfe umwinden,

O wie glücklich sties mir das Haupt an den
Wagen Orions!

* Die Sprache der Tugend, der Warheit, und der Religion, die sie führen, ist die Sprache der Gottheit.

18 ## Anakreons Vermählung.

Eines Tages kam Cythere
An dem Fuße des Parnaßes
Zu Anakreon dem Dichter;
Und ersucht ihn, ihren Knaben,
5 Der so wild zu unterrichten.
Gleich nahm er ihn in die Lehre;
Lehrt ihn der Camönen Künste;
Macht ihn sittsam und gehorsam
Gegen seine schöne Lehren;
10 Und gewöhnt ihn, vor den Musen
Stets gekleidet zu erscheinen.

Lange nachher kam sie wieder.
Weiser, und geliebter Dichter,
Sprach sie, was kann ich dir geben,
15 Deinen Fleiß an meinem Kleinen
Nach Verdienste zu belohnen?
Du erzogest ihn so sittsam,*
Daß ihn alle Pierinnen,
Daß ihn alle Menschen lieben.
20 Möchtestu doch selber sagen,
Wie ich dich belohnen könne!
Soll ich von den Charitinnen
Dir die Artigste vermählen?
Oder willstu eine andre?

---

* La plupart des Odes d'Anacréon sont des fictions
ingenieuses, qui ne sont ni trop tendres, ni trop nues,
qui occupent plus les Lecteurs de l'Art du Poëte, que des
choses mêmes, qu'elles représentent, et qui respectent la
delicatesse du goût, l'innocence des jeunes personnes, et
la pudeur du sexe. Ces Odes ressemblent à ces femmes
aimables, qui plaisent plus par les graces de leur esprit,
que par la regularité de leur traits, et qui ont beaucoup
d'Amis, et peu d'amans. Idée de la Poësie Angl. par
Mr. l'Abbé YART. T. v. p. 123.

Er erwiederte bescheiden,
Und mit großer Ehrerbietung:
„Ach! wen kann ein Weiser lieben,
„Wenn er dich einmahl gesehen,
„Göttin, wie ich dich gesehen!

Sie verstund ihn, und vermählte
Sich in des Parnaßes Gärten
Mit ihm, in geheimer Stille.
Wenn sie badete, so hielt er
Ihren Gürtel in Verwahrung;
Wenn er dichtete, so schrieben
Ihre Gratien die Lieder,
Die sie ihn verbessern lehrte.
Amor selbst mußt ihn bedienen:
Ihm den alten Bart von Silber,
Ihm die alten Locken salben,
Ihn bey holdem Sonnenscheine
An der Hand spazieren führen,
Ihm die goldne Leyer tragen,
Ihm, mit jedem neuen Morgen,
Neue Rosenkränze binden,
Und um seine Schläfe winden:
Und ihn immer: treuer Lehrer!
Und ihn immer: Vater! nennen.
Niemand wolle sich verwundern,
Daß man seine Kleinigkeiten
Annoch liest, und übersetzet.
„Was die Gratien geschrieben,
„Was Cythere selbst verbessert,
„Ueberlebet alle Zeiten,
„Und bleibt ewig liebenswürdig.

19   Lob des Anakreons und der
Sappho.

Als itzt Sappho verschied, ward eben der teische Dichter
Auf entsprießenden Blumen gebohren.* Den Liebreiz desselben,
Und seine niedliche Bildung zu sehn, ließ Venus ihn holen.
Schnell sprang Amor herbey, und sprach mit zornigem Muthe:
5 „Warum schenkte dann nicht das sonst so altkluge Schicksal
„Diesem Knaben, mit der nunmehr verblichenen Sappho,
„Eine Geburtssonn, und einen anmuthigen Todesabend?
„Diese zween flammende Stern, ihr Götter, ehlich vereinet,
„Hätten ein Feuer gezeugt, das alles angesteckt hätte;
10 „Und ich, ohne die Welt stets mühsam durchreisen zu müssen,
„Könnt itzt, ruhig, wie ihr, beym Nectar sizen, und lachen.

20   Das Vergnügen.

Das die weite Welt bewegt,
Und sich auch im Würmgen regt;
Das alleine gut und mild
Unsre ganze Seele füllt:
5 Das Vergnügen folget nur
Sanften Trieben der Natur.
Stille Lauben sind sein Haus,
Seine Pracht ein frischer Strauß.
Einfalt und Bequemlichkeit
10 Sein gewöhnliches Geleit!
Es erhält durch Mäßigung
Sich stets reizend, sich stets jung.
Neben ihm liegt Cypripor
Gern' in Veilgen auf dem Ohr.
15 Keiner der es schildern will,
Trift es; dann es hält nicht still.

* Sappho lebte ohngefähr ums Jahr der Welt 3340; Ana=
kreon aber ums Jahr der Welt 3420.

Es verfolgen heißt es fliehn:
Es empfinden, nach sich ziehn.
Wenn sich oft an einem Fest
Weisheit von ihm fangen läst: 20
Dann begehrt aus seinem Schoos
Die Gefangne selbst nicht loß.
Sein beliebtster Auffenthalt,
Ist der Musen Thal und Wald:
Wo er stets nach Rosen läuft,   25
Doch nicht stets die schönsten greift,
Weil der Knospen Reinigkeit
Mehr, als Schönheit, es erfreut.
Manchmahl thronts, voll keuscher Lust,
Auf Olympens reiner Brust;   30
Oder auf dem Mundrubin
Einer treuen Ehgattin.
Freunde, wißt ihr, wo ichs fand?
Wo ich es mit Blumen band?   —
Zwischen Tugend und Verstand.   35

Über die Wiedergenesung der Kayserin Frau Mutter, und des Pabstes zu gleicher Zeit.

21

Der heilge Vater Pabst zu Rom,
(Des Allerhöchsten Vice-Dom
Und unsre Kayserin Frau Mutter:
Der Erde Häupter, beede fromm,
Sind durch der Ärzte strengen Orden   5
Zu gleicher Zeit verdammet worden,
Mit Ruhm und Stralen überstreut,
Und überreif zur Seeligkeit,
Ins obre Paradies zu wandern,

Die Wohnung der Vollkommenheit.
Die Reise war ein bißchen weit;
Drum stund für einen wie den andern
Ein sanfter Tragestuhl bereit.

      Die Kayserin, die Lust der Frommen,
Hatt' auch, von Traurigkeit beklommen,
Doch standhaft, und nicht heidnisch-weich,
Anitzt vom Kayser, und dem Reich,
Das so in Thränen nie geschwommen,
Das letzte Lebewohl! genommen,
Den letzten Händekuß bekommen;
Und wollt Ihr göttlich Auge gleich
Zur güldnen Reisesänfte drehen:
Allein wie sie verwundernd sah
Des Pabstes seine stille stehen,
In tristi caeremoniâ
Der Ihrigen nicht vorzugehen,
Entschloß sie sich: Wir bleiben da!

      War je auf Erd ein schöner Streit
Von Demuth und Gefälligkeit,
Gewiß! so war es dieser Streit.
Die ganze Welt wünscht ihrentwegen,
Daß man, so oft er sich erneut,
Nie fähig sey, ihn beyzulegen.
Der Himmel gebe seinen Seegen,
Daß in der werthen Christenheit
Die hohen Häupter allezeit
So sanft zusammen streiten mögen.

22   Auf ihren Geburtstag.

Freundin, schön wie Hespers Blicke,
      Lieblich, wie der West:
            Schmäle nicht,
      Daß ich dir an deinem Fest
Keine junge Veilgen schicke.

Wo du ja auf Abendwiesen
    Bey den Lämmern gehst,
        Und am Bach
    Bey den jungen Hirten stehst,
Wachsen sie zu deinen Füßen.   10

Der Schmetterling und die Biene.   23

    Wärs Wetter schön,
Sprach einst ein Sommervogel;
Wärs Wetter schön, ich wollte
    Zur Rose buhlen gehn.
Und ich, versetzt die weise Biene,   5
Gieng an die Arbeit in das Grüne,
    Wärs Wetter schön!

An Phillis.   24

Amor bot einst zu Cythere
    Mich, als seinen Sklaven feil;
Und ich ward, zu meiner Ehre,
    Holde Phillis, dir zu Theil.
Dann die meine Treue kannten   5
    Boten ihm ein Purpurkleid.
Eine bot durch Abgesandten
Einen Korb voll Diamanten:
    Aber Amor war geschent.
Er verwarf so schlechte Gaben   10
    Und entschied für dich den Streit!
Dann du botest mich zu haben
    Einen Blick voll Zärtlichkeit.

25   **An die Nachtigall.**

Allerliebste Nachtigall,
Schweige, denn wir sind alleine.
Kläng dein angenehmer Schall,
Mißgunst nahte diesem Haine,
5   Sezte sich zum Wasserfall,
Wo ich süß für Wohllust weine,
Und verrieth uns überall. —
Daß ich süß für Wohllust weine,
Würkte mir dann lauter Quaal.
10   Glücklicher wein' ich alleine,
Allerliebste Nachtigall.

26   **Das Kind.**

Schlage mich nicht, liebe Mutter,
Schlage mich nicht ins Gesichte;
Dann aus meinen blauen Augen
Sprühen, wenn du mich so schlägest,
5   Tausend helle Feuerfunken;
Und wie leichtlich fällt ein Funke
Auf mein zartes Flügelkleidgen!

27   **An das Graß, worauf Phillis geruht.**

Phillis, die die Tugend kennet,
Die selbst Amor Schwester nennet,
Hat, o junger Myrtenhain,
Welcher noch für Liebe brennet,
5   Mir, zu Lindrung meiner Pein,
Den Besuch in dir gegönnet.
Zenge von der reinsten Glut,
Graß, wo mich ihr Aug' entzükte,
Als mich ihr Gespräch erquitte,

Sey, o sey der Unschuld gut.   10
Zartes Graß, steh, unverletzet,
Wieder auf, wo sie geruht.
Eine Kleinigkeit verletzet
Sonst die Eifersucht in Wuth)!

Die Hirtin.   28

Himmel! was ich nicht gelitten!
Biß in unsres Waldes Mitten;
Biß zu den geheimsten Buchen
Drang mein Hirte, mich zu suchen.
Freylich, wie ich selber finde,   5
Hatt' er ungemeine Gründe,
Mich zu sehn, mir zu erzehlen; — -
Doch auch ich, mich zu verheelen.

An Morpheus.   29

Gott des Schlafes, du bist schlau,
Sagte meines Nachbars Frau.
Sanft in deinen Arm gewiegt,
Hat der Nachbar mich besiegt:
Denn im Traum, von dir geschickt,   5
Ward ich schwach, und er beglückt.
Mußt' er mich so weich, als schön,
Und nicht erst recht grausam sehn!

Des Abt * * Entschluß bey Erbauung   30
seines Klosters.

Weil alles nach Verdienst klein oder groß muß seyn,
So sey mein Eßsaal groß, und meine Kirche klein.
    Und macht, die Uhr zu reguliren,

Und aufzuziehn, und einzuschmieren,
    Den Brüdern Müh:
So stocke sie, so schweige sie — — —
Gehet nur der Bratenwender
    Spath und früh
Sanfter, richtiger, behender,
    Und stokt nie!

31   Amalia.

Phöbus sah Amalien,
Mit drey holden Lilien,
Ihren Töchtern, vor Athen
Im Ilyßus badend stehn:
Meynte da die Grazien
Und Cytheren selbst zu sehn,
Und vergaß fast, fortzugehn.

32   Der Frühling.

Zu begierig, unsre stille Hütten,
Unser Tibur wieder zu besuchen,
Schlich sich, Aquilo zum Troze, heimlich
Unser Thal herein, ein Söhnchen Zephirs.
Durch sein Sorgen überzog die Thäler
Bald ein Teppichwerk von blauen Veilgen,
Die die Luft gelinde parfumirten.
Unterm Mäntelchen der zarten Flügel
Bracht es viele, halb nur flicke, Amors,
Welche piepend Büsch' und Gärten füllten.
Seit der Stunde zwitschern, wie betrunken,
Unsre Vögel all' aus allen Ecken,
Was ganz zärtliches und wohllustreiches.
Annoch, dünkt mich, ist es keine Liebe;
Doch, wie leichtlich, Götter kann man irren!

Die Klage.   33

Jüngst kam Kupido von Mirenen;
    Und Venus spricht:
Wie fandstu sie?   Er sprach mit Thränen,
    So liebreich nicht!
O Mutter, habe doch Erbarmen,   5
    Und strafe sie!
Sie legt mich andern in die Armen,
    Und nimmt mich nie!

Sans les illusions, que servient   34
nos plaisirs.

Aphroditens schönes Kind,
Unvorsichtig, leicht gesinnt,
Stolperte bey finstrer Nacht
Unversehns in einen Schacht.
Als es nun Minerven rief,   5
Die im nächsten Tempel schlief,
Kam sie, aber ohne Licht,
Liebgen, sprach sie, weine nicht,
Gerne zündet' ich dir zwar;
Aber sähstu alles klar,   10
Würdestu der Gott der Pein
Öfter, als der Freuden seyn!

Erstes Rondeau: 35
nach einem französischen Dichter aus dem 14.
Jahrhundert.

Des schönen Frühlings Hoffurier
Bereitet wieder das Quartier;
Und spreitet über unser Gofen

Tapeten von beliebter Zier,
5   Durchstickt mit Veilgen und mit Rosen.
Des schönen Frühlings Hoffurier
Bereitet wieder das Quartier.
    Cupido lag, als wie erstarrt,
Im Schnee des Februar verscharrt;
10   Itzt tanzt er unter Aprikosen,
Und alles ist in ihn vernarrt.
Ein jedes Herz, ihm liebzukosen,
Ruft: rauher Winther, fleuch von hier;
Des schönen Frühlings Hoffurier
15   Bereitet wieder das Quartier.

36   Zweytes Rondeau.

Den Rock von Regen, Wind und Schnee
Hat nun die JahrsZeit ausgezogen.
Ihr ist ein schönerer von Klee
Und Sonnenstralen angeflogen.
5   Myrtill singt mit der Galathee:
Den Rock von Regen, Wind und Schnee
Hat nun die JahrsZeit ausgezogen.
    Das junge Thal, die lichte Höh
Stehn glänzender, als Regenbogen.
10   Demanten trägt auch selbst der Schlee;
Es funkeln alle Waßerwogen
In prächtig=silberner Livree.
Den Rock von Regen, Wind und Schnee
Hat nun die JahrsZeit ausgezogen.

37   Catulls 3tes Sinngedicht.

Weinet, Charitinnen, weinet Amors.
Alles, was man artig nennet, weine.
Meines Mädchens einziges Vergnügen,

Meines Mädchens Sperling ist gestorben.
Den es mehr, als seine Augen, liebte;   5
Denn er war so allerliebst und artig,
So verständig, und so voll Empfindung,
Daß er minder nicht sein liebes Mädchen
Als das Mädchen seine Mutter kannte.
Nie bewegt er sich von ihrem Schoose: 10
Sondern hüpfte hie, und da, und dorten
Auf dem Schoose munter auf und nieder,
Ihr nur piepend, ihr alleine schmeichelnd.
Ach! izt wandert er die dunkle Strase,
Die man ewig nicht zurücke wandert.   15
Drum verfluch ich, Schatten des Cocytus,
Die ihr, was nur artig ist, verschlinget,
Drum verfluch ich euch, dann ihr entführtet,
Dann ihr stahlt mir ihn, den schönsten Sperling.
O verruchte That, o armer Sperling,   20
Durch dich schwellen, ach! von stätem Weinen,
Durch dich schwellen izund, und verderben
Meines holden Mädchens holde Augen.

Catulls 13. Sinngedicht.   38

Morgen sollstu bey mir, wie ein König,
Sind die Götter dir gewogen, speisen:
Wohlverstanden, wenn du deine Küche,
Deine leckre wohlgespickte Küche,
Attisch Salz, und Chierwein, und Scherze,   5
Und dein blondes Mädchen mit dir bringest.
Wie ein König sollstu bey mir speisen,
Wenn du, sag ich, alles mit dir bringest.
Denn ach leider! deines Freundes Börse,
Mein Fabullus, ist voll Spinneweben.   10
Doch statt dessen will ich dich mit Blicken
Voll Empfindungen der treusten Liebe,
Und wenn was noch holder ist, bedienen;

Auch den Balsam dir zu riechen geben,
15   Den die Grazien und Amuretten
Meinem holden Mädchen einst verehrten.
Welchen, wenn du ihn zu riechen anfängst,
Wirstu, schwör ich, alle Götter bitten:
Macht mich, macht mich doch zu lauter Nase!

39   Kunz und Görgel.

Welch süße Wohllust, so zu trincken!
Sprach Kunz, und rückte seinen Hut,
Bey neuem Wein und jungen Schinken
Sind allemahl die Zeiten gut!
5   Die Steuer scheinet viel gelinder,
Die Stunden fliesen viel geschwinder,
Wenn man bey vollem Glase spricht;
Denn an die Schulden denckt man nicht;
Noch weniger an Weib und Kinder.
10   Gefiel es, Nachbar Görgel, dir,
Wir blieben bis zum Morgen hier?
    Rasch fieng sich Görgel an zu blähen;
(Er hatte, wie ein Seraskier,
Den Kopf voll Stangen und voll Höhen)
15   Ich halte, Vetter Kunz, dafür,
Ihr scheint das Ding nicht zu verstehen,
Und raisoniret, wie ein Thier.
Wir bleiben rechter immer hier:
Es kostet nichts, als wann wir gehen!

40   Der flüchtige Amor.

Jüngst sah ich den Cupido
Am Feuer brauner Augen,
Sich kleine Pfeile schmieden;
Da trat ich etwas näher,

Und gucke zu, und lachte.   5
Da sprüheten auf einmahl
So viele Feuerfunken
Auf seine nackten Glieder,
Daß er entfliehen wollte;
Doch seiner Flügel Spitzen   10
Die waren schon versenget,
Und konnt' er nicht mehr weiter
Als in mein Herze flattern.

Aglaja an Athamas.   41

Wie lange willstu dich betrüben?
Ich fühle ja für dich der Liebe stärckſten Zug.
Du bleibst auch meine Luſt bey Kohl und Rüben,
Mein Stolz im Bauernrock, mein Fürſt beym Pflug.
    Lieb' ich dich, Freund, denn nicht genug?   5

Antwort.

Mein Hertz, o Freundin, ſagt, du könneſt ſtärcker lieben:
    Du liebſt mich nicht genug   ,
Zu Tode werd ich mich betrüben!

Das zu groſe und zu kurtze Glücke.   42

Ein Maülgen hat mein Mund von Ihrem Mund geraubet,
    Ob ſie mir gleich die Hand vor meine Lippen hielt.
    Wie es Sekund beſchreibt, ſo hab ich es gefühlt,
Und mich glückſeeliger, als Könige, geglaubet.
    Doch meine Luſt verſchwand gleich einem Waßerſchaum,   5
Und wie es mir ergieng, muß ſtets im Zweifel liegen.
    Mein Glück war zwar zu gros für einen leichten Traum,
Ach! aber, auch zu kurtz, für ein warhaft Vergnügen.

43   **Bitte an die Götter.**

Sie liebet mich, um die ich mich bemühte!
   Groß ist mein Glück, und, wie der Himmel, hoch.
Noch eine Huld, ihr Götter voller Güte,
   Gewähret mir: ach! diese Eine noch.
5   Soll mich einst Aurora haßen,
       Die anitzt für Liebe girrt:
       Ach! so laßet mich erblaßen,
       Einen Tag zuvor erblaßen,
       Ehe sie mich haßen wird!

44   **Sinngedicht.**

Den Fächer in der Hand, gieng ich in meinen Garten,
   Den jungen Zephir zu erwarten;
Schnell spielt mein Unterrock, und hebt sich blähend auf.
Willkommen, o Favon, der Schäferinnen Diener!
5 So dacht' ich —   Aber ach! es war in strengem Lauf
   Ein grober Nord: ein Capuciner.

45   **Ringelgedicht.**

Auf einen Brandweinbrenner, der geraume Zeit Renter, und
   Marcketender gewesen, zuletzt aber Abt geworden.

       Mit einem Helme hatte man
       Den Fuselbrenner Tulipan
       Im Lager vor Namur erblicket,
       Doch keinen Hut vor ihm gerücket;
5   Ihn drückete der Kirchenbann.
       Itzt aber ehrt man ihn gebücket,
       Weil er die Insul aufgethan.

       Verstand hatt' er zwar keinen Gran;
       Denn oft gieng ihm, wann er genicket,

Das Aquavit im Kolben an,　　　　　　　　　10
Und öftrer dacht er gar nicht dran,
Den zuzudecken, wie sichs schicket,
　　　Mit einem Helme.
Was macht ihn denn zum großen Mann?
Die Kunst vielleicht, die ich nicht kann,　　15
Wie man nur schwätzt, und doch entzücket?
Nein! aber eins hat ihm geglücket:
Und dieses Eins hub ihn hinan.
Er trat auf dieses Lebens Bahn
　　　Mit einem Helme.　　　　　　　　　20

Als Timoleon 　　　　　　　46
zu heyrathen gezwungen
ward.

Der Eigensinn der Zeit zog mich und Henrietten
　　　In Hymens Haus, trotz aller Gegenwehr.
O Liebe, bind uns da sein fest mit Blumenketten,
　　　Und hüt' uns durch ein Freüdenheer,
Sonst werden wir uns bald ins Schloß der Freyheit retten, 5
　　　Und dann bekomstu mich nicht mehr.

Was von ohngefähr geschehen 　　　47
könnte.

Von ohngefähr gefiel mir Amarille;
　　　Von ohngefähr gefiel ich ihr.
Getreu zu seyn ist itzt mein ernster Wille — —
　　　Doch, Amor, hör'! und sage mir:
　　　Verziehestu's, wenn ich von ohngefähr　　5
　　　Ihr untreu wär'?

48   **Der befolgte Rath.**

Cupido stahl der Mutter
Den schönsten Ring für Psychen;
Verbarg sich dann in Eile
In meines Mädchen Auge,
5   Du hast dich, sagt ich, übel,
Du kleiner Dieb, verborgen.
Ich suchte, wär ich Amor,
Ein Herz, mich zu verbergen.
Ein Herz, versetzt er lächelnd,
10   Verbirgt mich freylich beßer.
So sey es, kluger Knabe,
So sey es dann das deine,
In das ich mich verberge!

49   **Akanth und Phryne.**

Ohngefähr vor sieben Jahren
Bot Akanth aus Unbedacht,
Für die Freuden Einer Nacht,
Phrynen alle seine Waaren:
5   Da hat sie den Knicks gemacht!

Nach verfloßnen dreyen Jahren
Hatte sich Akanth bedacht,
Und versprach für Eine Nacht
Bloß die Helfte seiner Waaren:
10   Da hat sie ihn ausgelacht!

Nach der Hand kam sie gefahren,
Lachte, küßte, war geschlacht,
Und verhies ihm Eine Nacht
Für ein Drittel seiner Waaren:
15   Da entfloh er aufgebracht!

Endlich nach noch zweyen Jahren
Kam sie, glühte wie ein Dacht,
Und verhies ihm ihre Waaren
Insgesammt für Eine Nacht:
    Da hat er sie ausgelacht!   20

Auf Olympens Hand.   50

Hand, mit Aurorens Hand
Im nächsten Grad verwandt,
Die Amathunt regieret,
Ist Venus außer Land;
Und Amorn selber führet.   5
Dein Ursprung ist bekannt:
Ein paphisch Rösgen zeugete
    Dich in der Eh'
Mit einer reinen Lilie.

Auf den Tod eines Freundes.   51

    Ist Lycidas nicht mehr am Leben?
Nimmt ihn der Himmel hin, der mir ihn doch gegeben?
Ach! holder Gegenstand von meiner Traurigkeit,
    Dir flieh ich willig nach! wo bistu, bistu weit?
Dich, den ich täglich sah an meiner Seite gehen,   5
    Der meine Lust bey Nacht,
    Mein Glück bey Tag gemacht,
Soll ich auf ewig nicht mehr sehen!
Gerechte Götter! — — Wie? — — ich soll nicht bey ihm seyn,
    Als durch ein traurigs Angedencken?   10
Wißt, Störer meiner Ruh'; ihr könnet ihn versencken,
Doch schließ' ich mich mit ihm in die Verwesung ein.

52   Gefährlichkeit des Lobs.

Welch Gift voll lieblicher Gefahr
Ist nicht ein feines Lob, womit uns Kenner schmücken!
Wie mächtig ist es nicht, das Bißchen zu verrücken,
Was von Vernunft noch bey uns übrig war!
5   Und o mit welch entzückendem Vergnügen
Stellt man ihm nicht, ist man ein Autor, frey,
              Beym Schalle seiner Schmeicheley
Die Käntniß unsrer selbst gemächlich einzuwiegen!

53   Liebe brauchet nicht Verstand.

Vor Zeiten reißte der Verstand
Nach Amathunt, wo er die Königin Cythere,
Den blinden Cypripor, und viele Nymphen fand;
Bey denen er, so gern als ich, geblieben wäre.
5   Er bot sich allen an, that artig und galant.
Wer mich zum Führer wählt, wird, sprach er, niemahls gleiten:
              Ich führ ihn immer an der Hand! — —

Doch Cypris lacht' und sprach: hier herrscht, seit alten Zeiten,
Frau Thorheit, und muß mich und meine Kinder leiten;
10 Besonders meinen Sohn, wann er den Bogen spannt!
Die abzuschaffen macht zu viel Beschwerlichkeiten;
Drum wandert immerhin zurück in euer Land,
              Mein allerliebster Herr Pedant:
              Dann Liebe leidet nicht Verstand.

54   Sinngedicht.

Die Damen scheinen hier den edlen Nachtviolen
              Vollkommen gleich zu seyn.
Dann Nachts verbreiten sie, am Mondschein, unverholen,
In junger Buhler Arm, der Schönheit vollen Schein;
5   Des Morgens ziehen sie, verstohlen,
Der strengsten Tugend gleich, die Reize wieder ein.

Auf den Lustgarten zu * * *   55

Du schöner Garten du, wo blühend, in Alleen
    Viel Pomeranzenbäume stehen:
Wo holde Rosenbüsch' und Hayne von Jasmin
Den artigsten Pallast, den je die Welt gesehen,
    Mit grüner Dunkelheit umziehn: 5
Du bist kein Garten nicht; du bist, durch's ganze Jahr,
Zu deines Stifters Ruhm ein duftender Altar.
    Hundert reizende Najaden
    Schleichen oft, vernarrt in dich,
    Aus den Felsen und Kaskaden,   10
Und hüpfen, dich zu sehn, phantastisch über sich
    Und preisen dich und Friederich.

Celadon.   56

    Auf diesem Rasen, den die Liebe
So reizend schön für Liebende gemacht,
    Saß Celadon in grüner Zweige Nacht
    Voll zärtlicher Empfindungen und Triebe:
Und schnitt in einen Baum mit mattverliebter Hand   5
    Die Verse, die sein Hertz erfand.
    O seelig! würde mir gegeben
In diesem Thal, das Fried und Ruh umgibt,
    Mit Iris, stets in sie verliebt,
    Und stets von ihr geliebt, zu leben!   10
    Wie gern wollt ich, mein Vaterland,
    Von dir verbannt,
Unter zarten Linden, unter stillen Buchen
    Meine Ruh, mein Glück,
    Nur in ihrem Blick,   15
    Und an ihrem Busen suchen.
    Bis wir einstens alle zween,
    Lebenssatt, nicht Liebensmüde,
    Unsre Hirtenstäb in Friede

20   In das Thal Elysien
            Zu den frommen Schaaren drehn;
            Da in amaranthnen Schatten
            Uns vollkommener zu gatten;
            Uns nicht mehr getrennt zu sehn.

57   Das Leben.

            Wie ein Gewölk, so schnelle,
            So schnell, wie deine Welle,
        Entflieht die Zeit, beliebter Bach!
        Ein Thor allein sieht ihr mit Wehmut nach.
5   Nur der sie nutzt,
        Kann, fleucht sie gleich den Winden,
                    So sehr sie stutzt,
                Ihr ihre regen Flügel binden.
        Ist unser Leben nur ein kurzer Weg,
10   Ist unser Leben nur ein schmaler Steg,
            So laßt uns diesen kurzen Weg
                Und schmalen Steg,
        So lang wir noch im Frieden drüber gehen,
                Mit Rosen übersäen.

58   An die Frau von * * *

            Mit empfindlichem Vergnügen,
            Kann die Welt in deinen Zügen
            Allen Reiz der Gratien,
            Allen Geist der Musen sehn.
5   Wollte holde Zucht auf Erden,
            Die man nicht mehr finden kann,
            Höfen wieder sichtbar werden,
            Chloris, zweiffle nicht daran,
            Deine sittsamen Geberden,
10   Deinen Blick nur nähm sie an.

Luna und ihre Mutter Latona.   59

Daß es uns niemand recht macht, ist gemeiniglich
Nicht andrer Leute, sondern unsre eigne Schuld.
Als einsmahls Luna ihre Mutter flehete,
Ihr doch ein neues, und bequemlich paßendes
Gewand zu schaffen, und beweglich klagete,   5
Daß noch kein Meister ihr es jemahls recht gemacht:
That ihr Latona weislich diese Antwort kund.
Wenn du mit Klugheit die Gestalt befestigtest,
Die dir dein Vater reizend gnug verliehen hat,
Und sie nicht, eitel, jeden Tag verändertest: 10
Du würdest leichtlich deinen Wunsch erfüllet sehn.
Allein dieweil du, was du bist, nicht bleiben willst,
Vielmehr Fortunen, deiner alten Freundin, gleich,
Dich allzuoftmahls uns in andrer Stellung zeigst,
Heut' einem Bogen, morgen einem Schilde gleich,   15
So kannstu niemahls in den Reichen Jupiters
Den Meister finden, der dich recht befriedigte.

Fabel.   60

Mit stolz erhabner Stirn', und nicht durch Last gedrückt,
Sprach einst ein leerer Halm zu einer vollen Ähre:
„Wie kommt es, daß dein Haupt so nach dem Boden nickt?"
Sogleich versetzte die dem Brüdergen zur Lehre:
„Ich stünde freylich nicht so tief hinab gebückt,   5
„Wann ich so leer, wie du, in meiner Stirne wäre."

Sinngedicht.   61

Ein Reisender kam einst nach Zabern hin.
Sieh! da ein Schloß, sprach er in seinem Sinn!
        Indem erschien die Herzogin:
Ha! dacht er, nein! — es ist ein Tempel.
        Die Tugend, seh ich, wohnt darinn!   5

62   Über ihre Bläße.

Du sagst, ich würde dich recht sonderbar verbinden,
Könnt ich im Januar ein Rößgen für dich finden.
          Wohlan, geliebtes Kind,
    Hat deiner Wangen Paar die Rosen so vonnöthen,
5   Sprich nur: ich liebe dich)! so sollen sie erröthen,
Und hundert Rosen stehn, wo ißo Lilgen sind.

63   Bey Gelegenheit der Aufnahm
        eines schönen Geistes unter die 40. besoldete
        Mitglieder der französischen Akademie.

Von Schreibesucht den Dichter zu entwöhnen,
    Brauchts zu Paris in Warheit wenig Müh;
Wohleingepackt in einen Stuhl mit Lehnen
    Setzt man ihn nur in die Akademie.
5   Gleich gähnt er, schläft, und schnarchet um die Wette;
    Gleich hält sein Kiel mit Bücherschreiben ein.
Der sanfte Stuhl scheint, was das Ehebette
    Dem Amor ist, dem schönen Geist zu seyn.

64   Fragment.

Aurora, da sie früh aus ihrer Kammer geht,
Trägt ein Gefäß, in dem manch blasse Lilge steht,
In ihrer rechten Hand, genßt aus mit ihrer Linken,
Den Krug, von Zähren voll, die Gras und Blumen trinken.
5   Der West, der ihren Schlei'r, aus grauem Duft gewebt,
Vorwitzig, über halb, von ihrer Stirne hebt,
Zeigt ihr sonst lächelnd Aug', und rosenreiche Wangen,
Uns mit Verzweiflung itzt, und Traurigkeit umfangen.

Über die Springbrunnen
## zu Paris.*							65

Beym Anblick deiner stolzen Wälle,
		Paris, steh' ich gefeßelt still;
Und kann nicht mehr von meiner Stelle,
Und weiß nicht mehr, wohin ich will.
Tausend Tempel, tausend Schlößer						5
Und jedes Ludwigs werth, und jedes königlich
			Bezaubern mich.
			Verliebt in dich,
		Steigt mein rein'st Gewäßer
		Durch geheime Thor'						10
		Ueber sich empor,
		Vor der Völker Ohr
Meiner Leidenschaft Zärtlichkeit zu mahlen,
Und aus ewigrinnenden Pokalen
		Dir Tribut zu zahlen.						15

## Die Liebe.							66

		Ihr Vögel, ist's Aurorens Strahl,
		Der euch erweckete, zu singen?
			Er ist es nicht. Aurorens Strahl
Kann diese Myrthen nicht durchdringen.
Die Lieb' allein, die Lieb' erweckt euch hie.				5
		Ich kann euch diese Liebe gönnen!
		Mich aber weckt dieselbe nie.
		Wie wollte die mich wecken können:
Die mich, seitdem der West in junge Rosen blies,
		Nie schlafen lies, nie schlafen lies?				10

## An gewisse Frauenzimmer.					67

Ihr habt mir lange schon, ich sey nicht schön, gesagt.
Wie kommt es, daß ihr mich noch immer damit plagt?

---

* Die Nymphe der Seine redet.

Bemühet' ich mich dann, die Sache zu bestreiten?
Ach! Schönen! quält mich nicht mit alten Renigkeiten.
5 Ihr fühlt ja selbst, wie euch das Ding die Seele nagt,
Daß euch der Spiegel stets, was ihr mir saget, sagt.

68   An Phillis.

Ich merke, daß die Flur, die Stadt, die ganze Welt,
Mir itzo wiederum, auch ohne dich), gefällt;
Ich höre dich nicht mehr, wie sonst, erröthend nennen,
Und kann mich überall, gelaßen, von dir trennen.
5 Ich glühe Tags nicht mehr, dir immer nachzuziehn;
In Träumen seh ich dich auch Nachts nicht mehr entfliehn.
Kein Blick von dir findt mehr den Weg zu meinem Herzen;
Dein Lächeln macht mir nicht, wie vormahls, süße Schmerzen.
Ich bin kein König mehr, ertheiltu mir Gehör;
10 Und glaube, Phillis, fast: ich liebe dich nicht mehr.

69   Petrarch.

Meine allererste Reime,
Jene bilderreiche Träume,
Wenn ich, o ihr Myrtenbäume,
An der Schönheit Busen sang:
5 Werden leicht den Preis gewinnen;
Dann ein Heer von Charitinnen
Schützt sie vor dem Untergang,
Und das süße Gift der Sinnen,
Die Empfindungen darinnen,
10 Rühren und gefallen lang.
Amor, Kinderchen von Floren,
Liebt euch alle sonder Zwang;
Aber Rosen, mit Auroren
An dem ersten May gebohren,
15 Gibt er, aus geheimen Hang,

In dem Busenschmuck für Chloren,
In dem Kranz für Leonoren
Allemahl den ersten Rang.

Nach dem Rousseau.   70

Es setzt' in ihren alten Tagen
Cythere dich und mich zu gleichen Erben ein
    Und gieng in ein Convent hinein.
Dem Amor aber ward die Theilung aufgetragen;
    Doch er besorgte sie nicht sein: 5
Denn durch dein Augenpaar besiegt, das immer sieget,
    Beschied er dir allein,
Was in der Gratien berühmten Gürtel lieget,
    Reizt, überredet und vergnüget;
        Und mir allein   10
    Die Thränen und die Pein.

Seine Aehnlichkeit mit Apollen.   71

Es sagte Stella:
Machstu auf mich
Ein artig Liedgen,
So bist du mein.

    Ich machte hurtig   5
Ein artig Liedgen.
Sie lobt's und sagt:
Nun bistu mein!
Doch ich, o Schäfer, bin noch nicht dein.

    Was ich erfuhr,   10
Erfuhr Apollo
Auf Tempens Flur.
Für Daphnen kriegt' er
Den Lorbeer nur.

72 Angebinde.

Empfang, wie du verdienst, von jedem, der dich liebet,
 Mein Kind, den Veilgenstrauß im März;
Und zweifle gar nicht dran: das Herz ist's, das ihn giebet;
 Ich aber gebe dir das Herz.

73 Das Anmuthsvolle und Holde.

 Was ist so anmuthsvoll und hold?
Mich krönt bey Tag, in schweren Zweigen,
Die sich zu mir herunter neigen,
 Der Pomeranzenbaum mit Gold.
5 Was ist so anmuthsvoll und hold?

 Was ist so anmuthsvoll und hold?
Des Abends seh' ich Lunen rollen,
Und mir verliebt ein Mäulgen zollen,
 Wie sie Endymion gezollt.
10 Was ist so anmuthsvoll und hold?

 Was ist so anmuthsvoll und hold?
Ich seh' in ihrer Purpurwiegen
Des Morgens dort die Sonne liegen,
 So glühend wie ein Trunkenbold.
15 Was ist so anmuthsvoll und hold?

74 Die himmlische und irdische Venus.

 Mich ließ Apoll auf des Parnaßes Höhen
Die himmlische und ird'sche Venus sehen;
Die ein' umgab von Tugenden ein Chor:
Ich sah bey ihr die Weisheit selber stehen;
5 Ihr Finger wieß entfernt des Glückes Thor.

Die zwot', umhüpft von Scherzen und von Freuden,
Warf Rosen aus, sang Amorn lächelnd vor.
Wähl', sprach Apoll, die würdigste von beyden! —
Gelehrter Gott, versetzt' ich demuthsvoll:
Gebiete nicht, daß ich sie trennen soll:
Gewähre mir, dann so nur geh' ich sicher!
Die für mich selbst, die dort für meine Bücher.

An die Frau von * * *

Jenes Täubgen von dem Wagen,
Der Cytheren stets getragen,
Suchte weit von Griechenland,
Wo sich Venus hin gewandt.
Aber als das Närrchen sahe
Dich mein Engel und dein Schloß,
Hielt sich's Paphos wieder nahe
Und sank froh in deinen Schoos.

Hymen und die Truppen Amors.

Hymen stand im Hinterhalte:
Als ein Heer von Amuretten
Seines Reiches Grenzen nahte!
Wer da! rief er halberschrocken,
Wer da! — oder soll ich schießen?
Holder Bruder, sprach ihr Führer,
Fürchte nichts von Amors Truppen.
Unser Endzweck ist nicht dieser,
Deine Lande zu verheeren
Oder in Besitz zu halten:
Wir verlangen nur den Durchzug!

77   Myrins Sinngedicht auf den Thirsis.*

Ihr Nymphen, euer Hirt, dem Pan im Singen gleich,
Liegt, da der Mittag glüht, betrunken im Gesträuch,
      In einem unerlaubten Schlafe.
Cytherens Sohn bewacht indeßen seine Schaafe
5 Und trägt den Stab, den er dem Schlummernden entwand,
      Stolz, wie ein Schäfer, in der Hand.
Soll nun kein wildes Thier den kleinen Gott verschlingen,
So eilt, o eilt den Mann aus seinem Schlaf zu bringen!

78   Die Wiederkunft.

Sie kommt, sie kommt zurück, für die ich stets gebrennet;
Schon morgen wird durch sie die Gegend wieder schön.
Ich will biß an den Baum, an dem wir uns getrennet,
      Ihr froh entgegen gehn.
5 Vollkommen ist mein Glück, und ihr' und eure Huld,
Ihr Götter! wann sie mich von weitem schon erkennet
      An meiner Ungeduld!

79   Madrigal.

Befürchte nicht, daß dir Aristons Hertz entflieht
Und deine Zärtlichkeit mit Unbestand bezahle.
Man wird zwar ungetreu, wenn man dich, Isse, sieht,
Doch andern nur; doch nur zum allerlezten mahle.

80   Der dichtende Knabe.

      Flieh nicht den Amor,
      O zarte Schwester,
      Flieh nicht den Amor,
      Er kriegt dich doch.

* Es steht in der Anthologie, und fängt an: Θύρσις ὁ
κωμύλης.

Ich roch im Garten
An einer Nelke,
In deren Schoose
     Der Kleine saß.

Mit ihren Düften,
Den süßen Düften,
Die mich vergnügten,
     Sog ich ihn ein.

Ich armes Knäbgen!
Wer kann mir rathen,
In meinem Haupte
     Ist er nun Herr.

Und dieses Liedgen,
Wie er so kleine,
Und dieses Liedgen
     Ist schon von ihm!

Auf einen unglücklichen Arzt.

Die Wunder alter Zeit sind keine falsche Sage:
     Dann sie erneuren ihren Lauf,
Und unser Arzt Crispin thut itzund alle Tage,
Wie sonst nur Gott gethan, so Erd' als Himmel auf.

Der Amtmann.

In einer unsrer Reichs=Provinzen
Ward auf Befehl des besten Prinzen
Ein neuer Amtmann vorgestellt.
Gleich brachten die Gericht' in Chören,
Der alten Observanz zu Ehren,
Ihm einen Beutel voller Geld:
Den er, so bald er ihn bekommen,
Zum größten Schrecken vieler Frommen,

Nicht ohne Lächeln, angenommen.
10 „Ihr Vorfahr, der beliebte Mann,“
Begann hierauf ein alter Meyer,
„Herr Amtmann, nahm nicht einen Dreyer,
„Allein den Beutel nahm er an!“   —
„Mein Vorfahr war es wohl im Stande,“
15 Sprach dieser: „Es ist offenbar,
„Daß er der gröste Mann im Lande
„Und oftmahls unnachahmbar war.“

83   Der verzweiflende Schäfer.

Du reiner Bach, der seine Quelle flieht
    Und über schattenreiche Gründe
Den krummen Lauf durch Klee und Blumen zieht;
Die Ruhe such’ ich hier, die ich nicht bey dir finde.
5   Dein sanft Gemurmel nährt mein Leid;
Dein dunkler Rand ist mir ein Bild der Traurigkeit,
    Wo ich mich ungestört betrübe.
Da flieh’ ich vor der Welt, vor mir flieht was ich liebe,
Und ich, ich trage noch des Lebens schwere Last?
10 O reiner Bach, umzirkt mit Rosenbüschen,
    Der meine Thränen aufgefaßt,
Ich will, o Bach, mein Blut zu deinen Wellen mischen;
Du sollst mich sterben sehn, der du mich leben sahst.

84   Süßigkeit der Liebe.

Die Götter thaten, uns zu necken,
Schmertz, Sorgen, Krankheit, Mangel, Schwermuth
Und alle Gattungen von Übel
Vorzeiten in Pandorens Büchse;
5 Allein Cythere, unsre Freundin,
That ihren Sohn dazu: derselbe
Versüßt uns nun die Übel alle.

Serenens Unbestand.   85

Verzehrt von Harm und Liebe,
Ward Seladon zum Brünngen;
Und wer des Brünngens trinket,
Vergißet das Geliebte;
Vergißt selbst seinen Namen.   5
Serenen zu vergeßen,
Wollt' ich des Brünngens trinken.
Vergebens. Denn sie hatte,
Weil sie so oft im Lieben
Gewechselt und getrunken,   10
Das Brünngen ausgetrunken.

Zuschrifft   86
an den Herrn A. R. H.. zu H.

Diese blüthenvolle Schale
Bring ich aus des Pindus Thale;
Edler H   , nimm sie an!
Biß ich, sproßen mir die Flügel,
Von dem zwengespaltnen Hügel   5
Kränze für dich holen kann.
Götter, sanft wie du, von Sitten,
Phöbus, Aphrodite, Pan,
Nahmen in berauchten Hütten
Einen Strauß von Majoran   10
Ost den Händen armer Hirten
Lächelnd ab, und rochen dran.

Meine Künste sind nur: reimen
Schätze seh ich bloß in Träumen;
Wachend bin ich Seladon.   15
Dächten aber Reich und Thron
Kröſus oder Salomon
Heute mir noch einzuräumen:

So empfängen morgen schon
20   Deine Tugenden den Lohn.
Wo der Musen Quellen schäumen,
Oben auf dem Helikon
Ließ ich, zwischen Lorbeerbäumen,
Unter einen Pavillon,
25   Dich, aus Gold gegoßen setzen,
Und die Worte drunter ätzen:
Unserm deutschen Grandison.

87   **Du und Sie.**

Galathea, wohin flog sie, die goldne Zeit,
      Da du, ohne Lakey und Putz,
Abends, einzig geschmückt mit deinen Grazien,
      In der Fallie* geschlichen kamst?
5   Froh bey meinem Salat, den in Ambrosia
      Deine Reize verwandelten,
Warst du damahls dich selbst, fröhlicher Laune voll,
      In des glücklichen Jünglings Arm,
Der, betrogen von dir, gänzlich sich dir ergab.
10   Damahls schenkten die Götter dir
Rang und Schätze noch nicht; aber an ihrer Statt,
      Was ein Mädchen unschätzbar macht:
Einen lachenden Witz, herzliche Zärtlichkeit,
      Eine Brust, wie die Milch so weiß,
15   Und zwey Augen, verliebt, groß und verführerisch.
      Wer mit solchen entzückenden
Reizen wäre kein Schalk? Holdester Gegenstand
      Meiner Liebe, du warst es auch!

* Fallie ist ein schwarzes, langes und weites, seidnes Tuch,
welches das Frauenzimmer an vielen Orten z. B. zu Mannheim
über sich wirft, und das Haupt und den größten Theil des
Leibes, außer den Augen, damit bedeckt, wenn es im Negligée
Jemand besuchen, oder in die Kirche gehen; unterweges aber
doch von Niemand leichtlich erkannt seyn will.

Und ich liebete dich, Amor vergebe mir's!
　　Darum, wahrlich! nicht weniger!　　　　　　20

Diesem Leben voll Lust gleichet ihr jetziges
　　Reich mit Ehren gekröntes nicht!
Jener Schweizer, Madam, weiß wie das Schneegebirg',
　　Und breitschultrig, wie Herkules,
Der, in ihrem Pallast, lügend, am Thore sitzt,　　　　25
　　Ein symbolisches Bild der Zeit,
Schreckt mit drohendem Blick, jetzo der lächelnden
　　Amoretten und Grazien
Leichte Truppen hinweg. Schüchtern umflattern sie
　　Jene Balken von Zedernholz;　　　　　　30
Ihres Alkovs nicht mehr. Ehemahls schlüpften sie,
　　Einem Schwarme von Tauben gleich,
Oft durch's Fenster hinein; scherzten und trippelten
　　Um ihr jugendlich Bettchen her.

Wahrlich, gnädige Frau, diese lebendigen　　　　35
　　Persianischen Teppiche;
Dieses Silbergeschirr, manches Praxiteles
　　Kunstwerk; diese hellglänzenden
Kabinette, worinn Frankreich die sinischen
　　Künstler alle beschämete;　　　　　　40
Diese Betten von Mohr; diese japanischen
　　Prunkgefäße, zerbrechliche
Wunder menschlicher Kunst; diese demantenen
　　Ohrgehänge, Gestirnen gleich
Strahlenstreuend bey Nacht; dieser bezaubernde　　45
　　Staat und Hochmuth zusammen ist
Eines Kußes nicht werth, den du mir Glücklichen
　　In der Jugend gegeben hast.

88 Madrigal.

Sage, sprach ich zu der Freude,
Sage doch: was fliehstu so?
Hat man dich, so fliehstu wieder!
Niemals wird man deiner froh!

5 Sie erwiederte: Bedaute
Dennoch bey den Göttern dich!
Wenn ich ohne Flügel wäre,
Sie behielten mich für sich.

89 Opfer für meine Freunde.

Wann ich ein Lamm, ein Kränzchen, eine Taube
Den Göttern des Olymps zum Opfer bring',
Ersuch ich sie, auf meinem Knie, im Staube,
Um Reichthum nicht; er ist ein mißlich Ding!
5 Erhaltet mir, sprech ich, was ich empfieng.
Ihr lenket ja, Unsterbliche, die Triebe
Der Herzen. Ach! bewahret biß ins Grab,
Bewahret mir die Herzen die ich liebe;
Und schlagt mir sonst, was euch beliebet, ab!

90 [Triolet.]

Ein gutes Triolet zu machen,
Gehört nicht zu den leichten Sachen.
Vergebens bildet der sich ein,
Ein gutes Triolet zu machen,
5 Den nicht die Pierinnen weihn.
Ein feiner Satyr muß uns lachen,
Und Amor selbst Gehülfe seyn,
Ein gutes Triolet zu machen.

Der Preis der Schönheit.

Zybele, die große Mutter,
Gab in ihrem goldnen Haus
Jüngst den Göttern, ihren Kindern,
Einen Ball und einen Schmaus!

Nach den ernstlichsten Gesprächen
Von Regierung dieser Welt,
Ward in großen goldnen Schalen
Süßer Nektar aufgestellt.

Trunken zankten alle Götter
Mit belebter Fantasey
Ob mein Mädchen, oder Zypris
Reizender und schöner sey?

Du bekamst der Schönheit Apfel,
Mutter Amors, vom Vulkan!
Momus und die andern Götter
Trugen ihn dem Mädchen an.

An seine Reime.

Ihr Geschenke der Natur,
Aufgesucht auf Berg und Flur,
Klein von Geist, als wie von Leib,
Unschuldvoller Zeitvertreib,
Reime, meiner Jugend Ruhm,
Und mein einzig Eigenthum:
Von Apollen nicht gezeugt,
Von den Musen nicht gesäugt,
Nur an Amors Seit' erdacht,
Nur in Fröhlichkeit gemacht,
Wandelt, holde Kinderchen,

Ferne von Pedanterie,
Immer mit den Grazien,
Immer mit der Harmonie! . .
15 Wenn euch Jemand küssen will,
O so haltet niemahls still!
Fliehet mit Bescheidenheit!
Sagt, daß ihr, voll Niedrigkeit
Keiner Küße würdig seid!

93   An Olympen.

Dein Leib ist schön; noch schöner deine Seele.
Man sieht auf dich vor tausend Frauen nur.
Dein Mund entzückt und singt, wie Philomele;
Und was du singst ist Regung und Natur.
5 Hättest du am Simois
Zu der alten Zeit gelebet,
O so hätte Tyndaris
Neben dir gebetet!
Ein Blick von dir
10 Hätt' ihr
Den Liebling abgezwungen;
Und Homer, gewiß!
Hätte nur von dir gesungen.

94   Grabschrift.

Ambrosius, der Prediger, liegt hier.
In jedes Kind von Schönheit sich verlieben,
Verstund der Mann, so gut, als sein Brevier.
Die Billets-doux, in seiner Noth geschrieben,
5 Bestellete, durch jegliches Quartier
Der Parochie, sein Küster Kasimir;
An Einem Tag zuweilen über Sieben.
Nur Antwort drauf ist immer ausgeblieben.
GOTT geb' ihm jtzt das Paradies dafür.

An Magister Dumm, der sich beschwerete 95
daß sich Dokter Stumm ein Werkchen
zueigne, das Er doch verfertiget habe.

Magister Dumm, ihr lärmt und schwört:
„Ich bin kein Scharletan;
„Am Wenigsten so ungelehrt,
„Daß ich nicht schreiben kann.
„Das Buch vom Astrolabium, 5
„Das mir der Neider raubt,
„Ist und verbleibt mein Eigenthum:
„Und kam aus meinem Haupt'.

    Ich glaub es gern, Magister Dumm,
Es kam aus euerm Haupt'! 10
Hört aber ein Konsilium
Minervens! Schenkts dem Dokter Stumm
Sammt allem Stil und Stof:
So heißt er bey dem Publikum
Ein schlechter Philosoph! 15

Henrichs des IV.ten Abschied von 96
der schönen Gabrielle.
(Aus seinem Französischen.)

Durchbohrt von tausend Pfeilen
Entreiss' ich mich von dir, ins Feld.
Die Ehre heißt mich eilen;
Da mich die Liebe hält.
Doch, Abschied dir zu geben, 5
O Gabrielle, welche Pein!
Ach könnt' ich ohne Leben
Und ohne Liebe seyn!

Empfange meine Krone,
10 Geprüfter Tapferkeit Gewinn:
Mir schenkte sie Bellone;
Mein Herz gibt dir sie hin!
Glückseelig, läßt dein König
Das Leben selbst für dich im Streit!
15 Doch eines ist zu wenig
Für so viel Zärtlichkeit!

97 ## Sinngedicht.

Das Leben, Tod! die Pilgrimschaft
Durch Wüsteneien voller Hecken,
Drängt uns, mit eines Stromes Kraft,
Hinab in dein gemeines Becken . .
5 Solch Ende soll mich nicht erschrecken.
Packt Gold in einen Bündel ein:
Laßt ihn in langen Flammen brennen!
Der Schade wird unmerklich seyn.
Die Einballirung wird allein;
10 Doch nie das Gold verbrennen können!

98 ## Madrigal.

Willst du mich nicht glücklich machen?
Mich nicht küssen? Mir nicht lachen?
Sprach der reiche Pachter Veit . .
Meine Freundin Adelheid
5 Gab ihm sittsam den Bescheid:
„Dich zu küssen, dir zu lachen,
„Wart' ich nur auf Zärtlichkeit:
„Kannst du die nicht kommen machen?

An die Frau von ...

Hätt' ich eine Monarchie,
Herzen kauft' ich mir für sie.
Dieses ist das reinste Glücke
Für ein tugendhaft Gemüth,
Daß es sich geliebet sieht.   5
Erbt' ich aber vom Geschicke,
Wie August und Antonin
Gar den Erdkreis, gäb' ich ihn
Doch im ersten Augenblicke
Für ein Herz, gleich deinem hin.   10